经济管理类创新融合精品教材

"互联网+"教育改革新理念教材

财务报表分析

张颖慧　张严心　闫　丽　主编

程　淼　殷　平　刘　月
张　薇　邓瑞超　曾　超　张昕萦　副主编

中国商业出版社

图书在版编目（CIP）数据

财务报表分析 / 张颖慧，张严心，闫丽主编．北京 ： 中国商业出版社，2024．10． -- ISBN 978-7-5208-3168-0

Ⅰ．F231.5

中国国家版本馆 CIP 数据核字第 2024US1137 号

责任编辑：郑　静

中国商业出版社出版发行

（www.zgsycb.com　100053　北京广安门内报国寺1号）

总编室：010-63180647　编辑室：010-83123574

发行部：010-83120835/8286

新华书店经销

唐山唐文印刷有限公司印刷

*

880毫米×1230毫米　16开　11.5印张　276千字

2024年10月第1版　2024年10月第1次印刷

定价：49.80元

* * * *

前 言

“财务报表分析”作为会计、财务管理专业的一门核心课程，不仅要求具有理论性，而且要求具有很强的实践性，本书正是以此为出发点进行编写的。本书主编、参编人员均为会计或财务管理专业具有中级职称以上和中级职业资格以上的“双师型”中青年骨干教师，具有多年的专业教学经验和丰富的财务报表分析实践经历。

本书重点突出以下特点。

1. 编写理念创新

按照“项目导向、任务驱动”的编写理念，依据项目业务与实训相结合为特点，将理论实务化，将抽象理论具体化。

2. 体例科学合理

以会计职业能力为目标，化繁为简，易学易懂。以 4 张主要报表的编制为主线，单一项目与综合分析相结合，由浅显到复杂，内容全面。

3. 内容全面新颖

本书以财政部颁布的《企业会计准则》为依据，结合新准则对企业财务实际尤其财务报表编制及分析工作的新要求，重点论述财务报表编制与财务分析的各种技术和方法。

本书在写作过程中参考了有关学者和权威专家的论著，并引用了其中的部分内容，在此深表感谢。同时，虽然我们历经多次探讨、斟酌和修改，但还是可能存在疏漏和不足之处，望各位同人见谅并给予批评指正。

编　者

2024 年 7 月

目录

第一单元
财务报表分析综述

学习
目标

• 知识目标

通过本项目学习，了解财务报表体系，理解财务报表的含义，掌握财务报表的内容和分类，了解财务报表的报送要求，掌握财务报表分析基础知识。

• 能力目标

通过本项目学习，掌握财务报表编制与分析原则，掌握财务报表编制前的准备，掌握财务报表分析的方法和程序。

引入案例

加拿大西部某著名的四季游览胜地公司计划增加几项新的娱乐设施，包括增加造雪能力、新建一架高速升降机、一家具有700个座位的餐馆、一个新的滑雪设备零售商店并提高现有基础设施和条件等。

新的投资计划需要2 500万美元。公司董事会计划在两个星期内安排一次会议以通过提议的扩展计划。

如何对公司的会计报表进行分析？

模块一 财务报表分析概述

一、财务报表构成

（一）财务报表概念

财务报表是企业财务报告的主要部分，是企业向外传递会计信息的主要手段，会计报表是根据日常会计核算资料定期编制的。综合反映企业某一特定日期财务状况和某一会计期间经营成果、现金流量的总结性书面文件。它是企业财务报告的主要部分，是企业向外传递会计信息的主要手段。现在的财务报表是企业的会计人员根据一定时期（例如月、季、年）的会计记录，按照既定的格式和种类编制的系统的报告文件。随着企业经营活动的扩展，财务报表的使用者对会计信息的需求的不断增加，仅依靠几张财务报表提供的信息已经不能满足或不能直接满足他们的需求，因此需要通过报表以外的附注和说明提供更多的信息。

完整的财务报表体系应当包括四个主表和报表附注五个部分，其中四个主表包括：资产负债表、利润表、现金流量表和所有者权益变动表（或称为股东权益变动表）。

（二）财务报表分析的含义

财务报表分析是以企业财务会计报告和其他有关信息资料为依据和起点，采取财务分析理论及财务分析的一系列专门的方法，对企业一定时期的财务状况、经营成果及未来前景进行分析，借以评价企业财务活动业绩、控制财务活动运行、预测财务未来发展、促进企业提高财务管理水平和经济效益的财务管理活动。

（三）财务报表分析的起源与发展

1. 财务报表分析的起源

随着商品经济的发展，尤其是 16 世纪以来，大工厂和公司制度的出现，使社会经济组织之间的业务往来日益频繁，商品与货币的流通量与日俱增，商品生产者和消费者逐渐遇到了生产成本、费用和利润等方面的核算问题；投资者和债权人也需要了解企业的经营状况和偿债能力，以便作出投资和融资的决策。

在这种背景下，记账原理、会计核算理论得到了很大发展。1531 年，德国纽伦堡商人约翰·戈特利布编制第一张资产负债表。1875 年，英国的克朗赫尔蒙出版的《单一产品的复式记账》，1892 年，英国的狄克西出版的《审计学》，开辟了审计和成本会计的新天地。会计理论和实务的发展为财务会计报告分析奠定了坚实的基础。

当西方主要资本主义国家进入大规模生产时期，面对生产过剩的危机，破产企业数目激增，经营理财能力成了决定企业生存的关键因素。在这种情况下，银行的地位和作用大大增强，成了当时总结企业理财经验、探讨企业理财方略的主要力量，了解企业财务状况和企业偿债能力是银行的着眼点。

1895 年，美国纽约州银行协会的经理委员会采纳一项决定，要求所有的借款者必须提交由他们签字的资产负债表。1900 年该协会发布了申请贷款的标准表格，包括部分资产负债表。此后，银行开始根据企业资产和负债的数量对比来判断企业对借款的偿还能力和还款保证程度，并且提出了诸如流动比率、速动比率等一系列的比率分析指标作为判断的依据。

2. 财务报表分析的发展

财务报表分析成为一门独立的学科还是始于 20 世纪 50 年代。随着股份制经济和资本市场的发展，企业要向社会发行股票和债券，而许多普通公民也开始作为投资者进入资本市场和股票市场。在股票买卖过程中，广大公众希望了解企业的经营及财务状况，以便进行认真的比较和分析，审慎地作出投资决策。在这种形势下，西方各主要发达国家的财务分析随之发展起来，成为一门独立的、实用性很强的新学科。全面、系统地进行筹资分析、投资分析、经营分析是财务分析的基本领域。随着经济发展、体制改革与现代公司制的出现，财务分析在资本市场、企业重组、绩效评价、企业评估等领域的应用也越来越广泛。

（四）财务报表分类

财务报表按照不同的标准可以分为不同的类别，比较常见的分类标准及类别为以下几种。

1. 按经济内容分类

财务报表按其反映的内容，可以分为动态财务报表和静态财务报表。动态财务报表是反映一定时期内经营成果和现金流量的财务报表，比如：利润表反映了企业一定时期内所实现的经营成果，现金流量表反映了企业一定时期内现金的流入、现金的流出及净增加数，因此利润表和现金流量表属于动态财务报表；静态财务报表是反映企业在一定日期资产和权益总额的财务报表，比如：资产负债表反映了企业某一时点上的资产、负债和所有者权益的情况，因此资产负债表属于静态财务报表。

2. 按编报时间分类

财务报表按其编报的时间，可以分为月度报表、季度报表、半年度报表和年度报表。月度报表简称为月报，每月编报一次，包括资产负债表和利润表；季度报表简称为季报，每季编报一次，包括资产负债表和利润表；半年度报表简称为半年报，每年 6 月 30 日编报一次，包括资产负债表和利润表，但与月报和季报在部分指标上有一定的差异；年度报表简称为年报，每年编报一次，包括资产负债表、利润表和现金流量表，它要求全面、完整地反映企业的财务状况、经营成果和现金流量情况。

3. 按编制主体分类

财务报表按其编制的范围，可以分为个别财务报表和合并财务报表。个别财务报表是指仅反映一个会计主体的财务状况、经营成果和现金流量情况的报表；合并财务报表是将多个具有控股关系的会计主体的财务状况、经营成果和现金流量情况合并编制的财务报表，该报表由母公司进行编制，包括所有控股公司财务报表的数字。

4. 按使用对象分类

财务报表按其服务的对象，可以分为对内报表和对外报表。对内报表是指为企业内部经营管理服务而编制的不对外公开的财务报表，它不要求统一格式，没有统一指标体系，如成本表就属于对内报表；对外报表是指企业为满足国家宏观经济管理部门、投资者、债权人及其他有关会计信息使用者对会计信息的需求而编制的对外提供服务的财务报表，它要求有统一的报表格式、指标体系和编制时间等，资产负债表、利润表和现金流量表等均属于对外报表。

（五）财务报表体系

1. 财务报表

资产负债表是反映企业在某一特定日期（如月末、季末、年末）全部资产、负债和所有者权益情况的财务报表，是企业经营活动的静态体现，根据“资产＝负债＋所有者权益”这一平衡公式，依照一定的分类标准和一定的次序，将某一特定日期的资产、负债、所有者权益的具体项目予以适当的排列编制而成。它表明权益在某一特定日期所拥有或控制的经济资源、所承担的现时义务和所有者对净资产的要求权。它是一张揭示企业在一定时点财务状况的静态报表。资产负债表利用会计平衡原则，将合乎会计原则的“资产、负债、股东权益”交易科目分为“资产”和“负债及股东权益”两大区块，在经过分录、转账、分类账、试算、调整等会计程序后，以特定日期的静态企业情况为基准，浓缩成一张报表。其报表功用除了企业内部除错、经营方向、防止弊端外，也可让所有阅读者于最短时间了解企业经营状况。

利润表是反映企业在一定会计期间经营成果的报表。由于它反映的是某一期间的情况，所以，又被称为动态报表。有时，利润表也称为损益表、收益表。

现金流量表是用来反映企业在一定会计期间现金和现金等价物的流入和流出情况的报表。

所有者权益变动表是用来反映构成所有者权益的各组成部分当期的增减变动情况的报表。

2. 报表附注

附注是对在资产负债表、利润表、现金流量表和所有者权益变动表等报表中列示项目的文字描述或明细资料，以及对未能在这些报表中列示项目的说明等。

附注主要起到两方面的作用。

（1）附注的披露是对资产负债表、利润表、现金流量表和所有者权益变动表列示项目的含义的补充说明，帮助使用者更准确地把握其含义。

（2）附注提供了对资产负债表、利润表、现金流量表和所有者权益变动表中未列示项目的详细说明或明细说明。

一般企业财务报表附注包括的内容如图1-1所示。

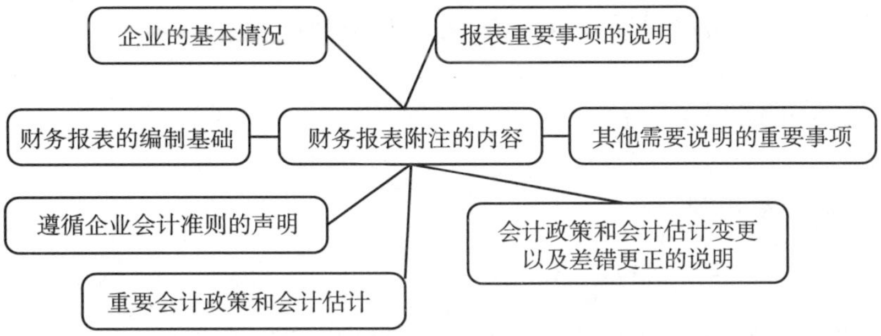

图1-1　财务报表附注的内容

（六）财务报表作用

财务会计的一个重要职能是向与企业有利害关系的各个方面以及其他相关的机构提供决策有用的会计信息。决策有用的会计信息主要指企业经营成果、财务状况和资金流转等信息，这些信息分别是通过资产负债表、利润表和现金流量表等财务报表加以反映的。财务报表的重要作用主要有以下几点。

1. 提供全面的财务信息

财务报表是与企业有经济利害关系的外部单位和个人了解企业的财务状况和经营成果，并据以作出决策的重要依据。

2. 以便宏观调控经济运行

财务报表是国家经济管理部门进行宏观调控和管理的信息源。

3. 支持内部决策制定

财务报表提供的经济信息是企业内部加强和改善经营管理的重要依据。

（七）财务报表的使用者

1. 投资者

投资者最关心的是企业投资回报率水平和风险程度，他们希望了解企业的短期盈利能力和长期发展潜力。财务会计报告分析中有大量揭示企业财务目标是否实现的信息，为投资者作出投资决策提供了重要依据。

2. 债权人

短期债权人更多地注重企业各项流动比率，而长期债权人则会更多地考虑企业的经营方针、发展方向、项目性质及潜在财务风险等。财务会计报告分析的全面性从不同角度，对不同债权人对信息的要求均给予了较大帮助。

3. 经营者

经营者通过对企业财务会计报告和其他相关资料分析，可以全面了解企业的生产经营状况、财务状况及经营成果，有助于企业经营者及各部门、各层次的管理人员结合具体情况解决经营管理中的很多重大问题，诸如经济前景预测，未来计划的编制、筹资、投资、供产销等决策，实施财务控制、经营业绩的评价考核等，实现企业价值最大化。

4、政府相关部门

工商、税务、财政、审计等政府部门会利用财务会计报告分析资料来监督和检查企业在整个经营过程中是否遵守国家制定的各项经济政策、法规和有关制度等。

二、财务报表编制准备工作

（一）财务报表编制基本原则

1. 真实可靠

财务报表指标应当如实反映企业的财务状况、经营成果和现金流量。

保证会计报表的真实可靠需做的准备工作有以下几点。

（1）企业在编制年度财务会计报告前，应当按照规定，全面清查资产、核实债务；

（2）核对各会计账簿记录与会计凭证的内容、金额等是否一致，记账方向是否相符；

（3）依照规定的结账日进行结账，结出有关会计账簿的余额和发生额，并核对各会计账簿之间的余额；

（4）检查相关的会计核算是否按照国家统一的会计制度的规定进行；

（5）对于国家统一的会计制度没有规定统一核算方法的交易、事项，检查其是否按照会计核算的一般原则进行确认和计量以及相关账务处理是否合理；

（6）检查是否存在因会计差错、会计政策变更等原因需要调整前期或者本期相关项目。在前款规定工作中发现问题的，应当按照国家统一的会计制度的规定进行处理。

2. 全面完整

财务报表应当反映企业生产经营活动的全貌，全面反映企业的财务状况、经营成果和现金流量。

企业应当按照规定的会计报表的格式和内容编制会计报表。企业应按规定编报国家要求提供的各种会计报表，对于国家要求填报的有关指标和项目，应按照有关规定填列。

3. 相关可比

财务会计报告的相关可比，是指企业财务会计报告所提供的财务会计信息必须与财务会计报告使用者的决策相关，并且便于财务会计报告的使用者在不同企业之间及同一企业前后各期之间进行比较。为保证信息可比性，会计核算应当按照规定的会计处理方法进行，会计指标核算口径一致，提供相互可比的会计信息。该原则要求不同的企业都要按照国家统一规定的会计核算方法与程序进行，以便于会计信息使用者进行企业间的比较。如果确需改变某些会计方法，应在报表附注中说明改变的原因及改变后对报表指标的影响。

4. 编报及时

企业应根据有关规定，按月、按季、按半年、按年及时对外报送财务报表。会计报表的报送期限，由国家统一加以规定。

（1）月报应于月度终了后 6 天内（节假日顺延，下同）对外提供；

（2）季报应于季度终了后 15 天内对外提供；

（3）半年度报应于年度中期结束后 60 天内（相当于两个连续的月份）对外提供；

（4）年报应于年度终了后 4 个月内对外提供。

5. 便于理解

便于理解是指财务会计报告所提供的会计信息应当清晰明了，便于使用者理解和利用。

（二）财务报表编制准备工作

为确保报表的质量，编制财务报表前必须做好充分的准备工作，一般有核实资产、清理债务、复核成本、内部调账、试算平衡及结账。

1. 核实资产

核实资产是企业编制报表前一项重要的基础工作，而且工作量大。主要包括以下几点。

（1）清点现金和应收票据；

（2）核对银行存款，编制银行存款余额调节表；

（3）与购货人核对应收账款；

（4）与供货人核对预付账款；

（5）与其他债务人核对其他应收款；

（6）清查各项存货；

（7）检查各项投资的回收和利润分配情况；

（8）清查各项固定资产和在建工程。

在核实以上各项资产的过程中，如发现与账面记录不符，应先转入“待处理财产损溢”账户，待查明原因，按规定报批处理。

2. 清理债务

企业与外单位的各种经济往来中形成的债务也要认真清理，及时处理。对已经到期的负债，要及时偿还，以保持企业的信誉，特别是不能拖欠税款；其他应付款中要注意是否有不正常的款项。

3. 复核成本

编制报表前，要认真复核各项生产、销售项目的成本结转情况。查对是否有少转、多转、漏转、错转成本，这些都直接影响企业盈亏的真实性，并由此产生一系列的后果，如多缴税金、多分利润，使企业资产流失等。

4. 内部调账

内部调账（转账）是编制报表前一项很细致的准备工作。主要有如下几点。

（1）计提坏账准备。应按规定比例计算本期坏账准备，并及时调整入账；

（2）计提固定资产折旧；

（3）摊销各项无形资产和递延资产；

（4）转销经批准的“待处理财产损溢”。财务部门对此要及时提出处理意见，报有关领导审批；

（5）按权责发生制原则及有关规定，计提利息和费用；

（6）有外币业务的企业，还应计算汇兑损益，调整有关外币账户。

5. 试算平衡

在完成以上准备工作之后，还应进行一次试算平衡，以检查账务处理有无错误。

在借贷记账法下，试算平衡的基本公式如下。

全部账户的借方期初余额合计数＝全部账户的贷方期初余额合计数

全部账户的借方发生额合计数＝全部账户的贷方发生额合计数

全部账户的借方期末余额合计数＝全部账户的贷方期末余额合计数

如果上述三个方面都能保持平衡，说明记账工作基本上是正确的，否则就说明记账工作发生了差错。在实际工作中，这种试算平衡通常是通过编制试算平衡表来进行的。

6. 结账

试算平衡后的结账工作主要有以下几项。

(1) 将损益类账户全部转入“本年利润”账户；

(2) 将“本年利润”账户形成的本年税后净利润或亏损转入“利润分配”账户。

以上各项准备工作往往是同时交叉进行的。在实现会计电算化的企业，以上有些准备工作是可以通过电脑完成的，如试算平衡和结账等。

拓展阅读

财务报表列报的基本要求

1. 财务报表的列报依据

依据各项会计准则确认和计量的结果编制财务报表。

2. 列报基础

在编制财务报表的过程中，企业管理层应当对企业持续经营的能力进行评价，需要考虑的因素包括市场经营风险、企业目前或长期的盈利能力、偿债能力、财务弹性以及企业管理层改变经营政策的意向等。

3. 重要性和项目列报

关于项目在财务报表中是单独列报还是合并列报，应当依据重要性原则来判断。

性质或功能类似的项目，一般可以合并列报，但是对其具有重要性的类别应该单独列报。

项目单独列报的原则不仅适用于报表，还适用于附注。

企业在进行重要性判断时，应当根据所处环境，从项目的性质和金额大小两个方面予以判断。

4. 列报的一致性

财务报表项目的列报应当在各个会计期间保持一致，不得随意变更。

在以下规定的特殊情况下，财务报表项目的列报是可以改变的。

①会计准则要求改变；

②企业经营业务的性质发生重大变化后，变更财务报表项目的列报能够提供更可靠、更相关的会计信息。

5. 财务报表项目金额间的相互抵销

财务报表项目应当以总额列报，资产和负债、收入和费用不能相互抵销，即不得以净额列报，但企业会计准则另有规定的除外。

下列两种情况不属于抵销，可以以净额列示。

①资产项目按扣除减值准备后的净额列示，不属于抵销。

对资产计提减值准备，表明资产的价值确实已经发生减损，按扣除减值准备后的净额列示，才反映了资产当时的真实价值。

②非日常活动的发生具有偶然性，并非企业主要的业务。从重要性来讲，非日常活动产生的损益以收入扣减费用后的净额列示，更有利于报表使用者的理解，也不属于抵销。

6. 比较信息的列报

企业在列报当期财务报表时，至少应当提供所有列报项目上一可比会计期间的比较数据，以及与理解当期财务报表相关的说明，目的是向报表使用者提供对比数据，提高信息在会计期间的可比性，以反映企业财务状况、经营成果和现金流量的发展趋势，提高报表使用者的判断与决策能力。

7. 报告期间

《中华人民共和国会计法》规定，会计年度为每年的 1 月 1 日到 12 月 31 日。企业至少应按照会计年度编制年度财务报表，可以根据具体的情况编制中期财务报表。年度财务报表如果短于一个会计年度的，应当在报表附注中披露年度财务报表的涵盖期间短于一个会计年度的原因。

模块二　财务报表分析程序与方法

一、财务报表分析一般程序

进行财务报表分析时，根据分析任务的不同，一般要经过以下步骤：确立分析标准→确定分析目标→拟订分析方案→收集数据信息→核实并整理信息资料→分析现状→作出分析结论→反馈。

（一）确立分析标准

这一步骤要解决两个问题：一是站在何种立场进行分析；二是以何种标准进行分析比较。财务报表使用者因为立场不同，所以分析目的也各有差异。没有比较，就不能称其为分析，因此财务报表分析注重比较。对企业财务报表进行比较时，必须有一个客观的标准，并以此为标准来衡量企业财务报表中的有关资料，从而较为客观地确定企业的财务状况和经营成果。

（二）确定分析目标

财务报表分析目标，依分析类型的不同而不同：信用分析目标，主要是分析企业的偿债能力和支付能力；投资分析目标，主要是分析投资的安全性和盈利性；经营决策分析目标，是为企业产品、生产结构和发展战略方面的重大调整服务；税务分析目标，主要分析企业的收入和支出情况。

从分析形式来说，日常经营分析，主要分析实际完成情况及其与企业目标偏离的情况；总结分析，要对企业当期的生产经营及财务状况进行全面分析；预测分析，要弄清企业的发展前景；检查分析，要进行专题分析研究。

（三）拟订分析方案

分析目标确定之后，要根据分析量的大小和分析问题的难易程度拟订分析方案。例如，是全面分析还是重点分析，是协作进行还是分工负责。要列出分析项目，安排工作进度，确定分析的内容、标准和时间。

（四）收集数据信息

分析方案确定后，根据分析任务，收集分析所需数据资料。企业的各项经济活动都与内外部环境的变化相关联，会计信息只反映经济活动在某一时期的结果，并不反映经济活动发生发展的全过程；财务报表能部分地反映产生当前结果的原因，但不能全面揭示所分析的问题。因此，需要分析者收集相关资料信息。

信息收集内容一般包括：宏观经济形势信息；行业情况信息；企业内部数据，如企业产品市场占有率、销售政策、产品品种、有关预测数据等。信息收集可通过查找资料、专题调研、座谈会或相关会议等多种渠道。

（五）核实并整理信息资料

首先核对和明确财务报表是否反映了真实情况，是否与所收集到的资料有较大出入。作为企业内部分析，如发现资料、数据不真实、不全面，可进一步查对，寻求真实情况。但对企业外部分析者来说，就比较困难。

对于具体资料的整理，首先要将资料分类，例如，可以分成经济、产业和个别公司企业等三大类，按时间先后顺序排列。资料分类后，对于重复的、过时的、矛盾的资料予以剔除，从而减少不必要的负担，在此基础上，再进行企业概况整理。因为习惯上必须在分析报表的前言部分对所分析企业的概况作一个介绍，所以扼要整理诸如企业历史、业务范围、股东人数、职工人数、研究发展等资料，可以便于以后撰写报告。

（六）分析现状

分析现状是指根据分析目标和内容，评价所收集的资料，寻找数据间的因果关系，联系企业客观环境情况，解释形成现状的原因，揭示经营失误，暴露存在的问题，提出分析意见，探讨改进的办法和途径。

（七）作出分析结论

由于企业经济活动的复杂性和企业外部环境的多变性，要求我们撰写财务报表分析报告时遵守一定的原则。

1. 尽可能地收集所需资料，掌握真实情况

财务报表分析的依据是所掌握的信息资料。由于各项财务报表分析目标之间具有相关性，所以我们在进行分析前，既要掌握分析目标所需指标的资料，又要了解相关指标的因果关系；既要收集企业内部的报表资料，又要掌握企业环境的变化情况；既要有客观数据资料，又要有文字意见材料。只有充分地占有信息资料，才能作出正确的分析结论。一个新情况、新信息的出现，有可能改变分析结论。

2. 指标对比，综合判断

企业的经济业务是相互制约和相互促进的，指标数值也具有相对性。同一指标数值，在不同的情况下反映不同的问题，要通过指标对比、指标综合来分析问题、揭露矛盾。比如，企业拥有大量银行存款，这可能是企业销售量剧增的结果，也可能是企业无事可做，不善于利用资金的反映。要通过指标联系，综合分析判断，得出分析结论。

3. 点面结合，抓住重点

在进行财务报表分析时，往往一两个指标不能说明问题，既要对指标本身的数值作出分析解释，又要对该指标数值对其他方面所产生的影响作出解释，要通过一个指标的变化，追溯到其他指标的变化。要既见树木又见森林，不能就指标论指标。比如，企业资金结构的恶化，要同企业实现利润情况、企业资金增减情况结合分析，看是否会导致企业财务状况恶化，通过分析，抓住关键和本质。

4. 定性分析和定量分析相结合

任何事物都是质和量的统一，财务报表分析也是定性和定量相结合。由于现代企业面临复杂而多变的外部环境，而这些外部环境有时很难定量，但环境的变化却对企业的产业发展、投资目标的实现以及企业销售情况产生重要影响。因此在定量分析的同时，要作出定性判断，在定性判断的基础上，再进一步进行定量分析和判断。

5. 静态与动态相结合

企业的生产经营活动是一个动态的发展过程。我们所收集到的信息资料，一般是过去情况的反映。在新的形势下，同样的投入可能会有不同的产出。因此，要时刻注意数值的时间性，在弄清过去情况的基础上，分析在当前情况下的可能结果。要联系企业和投资者、决策者的实际情况，静态和动态相结合，对指标值的含义作出判断，以便为决策服务。不结合实际情况，就不可能提出建设性的分析意见。

（八）反馈

反馈强调将新资料投入下一个资料处理系统，希望能改善产出，并且使分析结果及决策更为准确。由于经济的发展充满不确定性，随着时间的推移，新的资料产生了，原来重要的资料可能已变得次要，原来次要的或受忽略的资料，却变得非常重要。因此，财务报表分析是一个连续的过程，新资料的反馈工作不可忽视。例如，今年所做的财务分析，等到明年再分析时，应补充今年增加的资料，并剔除不合时宜的旧的资料。

二、财务报表分析的方法

进行财务报表分析，最主要的方法是比较分析法、因素分析法和趋势分析法。

（一）比较分析法

比较分析法又称对比分析法或水平分析法，是指通过同类财务指标在不同时期或不同情况下数量上的比较，来揭示指标间差异或趋势的一种方法。

比较分析法是财务报告分析中最基本、最常用的方法。用于比较的指标可以是绝对数，最重要的是确定一个比较标准即确定一个比较的基础和“参照物”。

1. 按比较参照标准分类

（1）趋势分析

趋势分析就是分析期与前期或连续数期项目金额的对比。这种对财务报表项目纵向比较分析的方法是一种动态的分析。

通过分析期与前期（上季、上年同期）财务报表中有关项目金额的对比，可以从差异中及时发现问题，查找原因，改进工作。连续数期的财务报表项目的比较，能够反映出企业的发展动态，以揭示当期财务状况和营业情况增减变化，判断引起变动的主要项目是什么，这种变化的性质是有利还是不利，发现问题并评价企业财务管理水平，同时也可以预测企业未来的发展趋势。

（2）同业分析

将企业的主要财务指标与同行业的平均指标或同行业中先进企业指标对比，可以全面评价企业的经营成绩。与行业平均指标的对比，可以分析判断该企业在同行业中所处的位置。与先进企业的指标对比，有利于汲取先进经验，克服本企业的缺点。

（3）预算差异分析

将分析期的预算数额作为比较的标准，实际数与预算数的差距就能反映完成预算的程度，可以给进一步分析和寻找企业潜力提供方向。

比较法的主要作用在于揭示客观存在的差距以及形成这种差距的原因，帮助企业发现问题，挖掘潜力，改进工作。比较法是各种分析方法的基础，不仅报表中的绝对数要通过比较才能说明问题，计算出来的财务比率和结构百分数也都要与有关资料（比较标准）进行对比，才能得出有意义的结论。

2. 按比较的指标分类

（1）总量指标

总量是指财务报表某个项目的金额总量，例如净利润、应收账款、存货等。

由于不同企业的财务报表项目的金额之间不具有可比性，因此总量比较主要用于历史和预算比较。有时候总量指标也用于不同企业的比较，例如，证券分析机构按资产规模或利润多少建立的企业排行榜。

（2）财务比率

财务比率是用倍数或比例表示的分数式，它反映各会计要素的相互关系和内在联系，代表了企业某一方面的特征、属性或能力。财务比率的比较是最重要的比较。它们是相对数，排除了规模的影响，使不同比较对象建立起可比性，因此广泛用于历史比较、同业比较和预算比较。

（3）结构百分比

结构百分比是用百分率表示某一报表项目的内部结构。它反映该项目内各组成部分的比例关系，代表了企业某一方面的特征、属性或能力。结构百分比实际上是一种特殊形式的财务比率。它们同样排除了规模的影响，使不同比较对象建立起可比性，可以用于本企业历史比较、与其他企业比较和与预算比较。

（二）因素分析法

因素分析法也是财务报表分析常用的一种技术方法，它是指把整体分解为若干个局部的分析方法，包括财务的比率因素分解法和差异因素分解法。

1. 比率因素分解法

比率因素分解法是指把一个财务比率分解为若干个影响因素的方法。例如，资产收益率可以分解为资产周转率和销售利润率两个比率的乘积。财务比率是财务报表分析的特有概念，财务比率分解是财务报表分析所特有的方法。

在实际的分析中，分解法和比较法是结合使用的。比较之后需要分解，以深入了解差异的原因；分解之后还需要比较，以进一步认识其特征。不断地比较和分解，构成了财务报表分析的主要过程。

2. 差异因素分解法

为了解释比较分析中所形成差异的原因，需要使用差异分解法。例如，产品材料成本差异可以分解为价格差异和数量差异。

差异因素分解法又分为定基替代法和连环替代法两种。

（1）定基替代法

定基替代法是测定比较差异成因的一种定量方法。按照这种方法，需要分别用标准值（历史的、同业企业的或预算的标准）替代实际值，以测定各因素对财务指标的影响。

（2）连环替代法

连环替代法是另一种测定比较差异成因的定量分析方法。按照这种方法，需要依次用标准值替代实际值，以测定各因素对财务指标的影响。

分析步骤：

①确定分析对象，即确定需要分析的财务指标，比较其实际数额和标准数额（如上年实际数额），并计算两者的差额；

②确定该财务指标的驱动因素，即根据该财务指标的形成过程，建立财务指标与各驱动因素之间的函数关系模型；

③确定驱动因素的替代顺序，即根据各驱动因素的重要性进行排序；

④顺序计算各驱动因素脱离标准的差异对财务指标的影响。

连环替代法的应用：

设某一经济指标 P 是由相互联系的 A、B、C 三个因素组成，基准指标和实际指标的公式为：

基准指标基数（过去、计划、标准）$P_0=A_0\times B_0\times C_0$

实际指标 $P_1=A_1\times B_1\times C_1$

该指标实际脱离基准的差异 D（$D=P_1-P_0$），可能同时是上列三因素变动的影响。在测定各个因素的变动对指标 P 的影响程度时可顺序计算如下：

基准指标 $P_0=A_0\times B_0\times C_0$　　　（1）

第一项替代 $P_2=A_1\times B_0\times C_0$　　　（2）

第二项替代 $P_3=A_1\times B_1\times C_0$　　　（3）

第三项替代 P_1（即实际指标）$=A_1\times B_1\times C_1$　　　（4）

据此测定的结果：

（2）－（1）＝ P_2-P_0……………是由于 A 变动的影响

（3）－（2）＝ P_3-P_2……………是由于 B 变动的影响

（4）－（3）＝ P_1-P_3……………是由于 C 变动的影响

把各因素变动的影响程度综合起来，则：

$(P_1-P_3)+(P_3-P_2)+(P_2-P_0)=P_1-P_0=D$

在财务报表分析中，除了普遍、大量地使用比较分析法和因素分析法之外，有时还使用回归分析、模拟模型等技术方法。

（三）趋势分析法

趋势分析法也称水平分析法、动态比率分析法。它是运用动态比率数据对企业某些同类经济现象各个时期的变化情况加以对比分析，以发现其发展规律和发展趋势的分析方法。

企业财务信息受多方面因素影响，如果只从某一时期或某时点上进行观察，则很难看清它的发展规律和发展趋势，因此，只有把若干时期或时点上的数据按时间顺序整理为数列，对该数列进行观察，并计算出它的发展速度、增长速度、平均发展与增长速度等，才能准确探索它的发展潜力和趋势。

1. 动态数列

它是反映某种经济现象发展变化的一系列指标数值，它们按时间先后顺序排列，其指标可以是绝对数，也可以是相对数或平均数。

2. 时间数列

它是反映某种经济现象在一定时期内各发展过程、结果及总量的系列指标数值。它是各个时期的数值不断累计的结果。因此，当时期扩大时可以相应地把各个时期的指标值直接相加，从而反映扩大了的时期总量。

3. 时点数列

它是反映某种经济现象在特定时点上所处状态的系列数值，由于时点上的数值大部分都是现象的重复，因此，时点数列不能相加。

4. 增长量

它是反映某种经济现象在一定时期内所增加（或减少）的绝对数，是比较期与基期的差额。增长量指标由于作为比较标准的时间不同，分为逐期增长量（即把前一期作为基数逐期比较）和累计增长量（即把各个比较期均与一个固定基期比较）。其计算公式为：

增长量＝比较期数值（报告期水平）－基期数值（基期水平）

5. 发展速度

它是全部数列中各个比较期数值与基期水平之比，反映各个比较期为基期的多少倍或百分比。发展速度指标由于作为比较标准的时期不同，分为定基发展速度和环比发展速度两种。定基发展速度是报告期水平与某一固定期水平之比；环比发展速度是各期水平与前一期水平之比。

任务练习

××股份有限公司经营多种产品，最近两年的财务报表（简表）数据摘要如表 1-1 所示。

表 1-1　××股份有限公司财务报表（简表）

单位：万元

利润表数据	上年	本年
销售收入	10 000	30 000
销售成本（变动成本）	7 300	23 560
管理费用（固定成本）	600	800
营业费用（固定成本）	500	1 200
财务费用（借款利息）	100	2 640
税前利润	1 500	1 800
所得税	500	600
净利润	1 000	1 200
资产负债表数据	上年末	本年末
货币资金	500	1 000
应收账款	2 000	8 000

续表

资产负债表数据	上年末	本年末
存货	5 000	20 000
其他流动资产	0	1 000
流动资产合计	7 500	30 000
固定资产	5 000	30 000
资产总计	12 500	60 000
短期借款	1 850	15 000
应付账款	200	300
其他流动负债	450	700
流动负债合计	2 500	16 000
非流动负债	0	29 000
负债合计	2 500	45 000
股本	9 000	13 500
盈余公积	900	1 100
未分配利润	100	400
所有者权益合计	10 000	15 000
负债及所有者权益总计	12 500	60 000

【要求】

采用因素分析法，按顺序计算确定销售净利率、总资产周转率和权益乘数变动对净资产收益率的影响。

【提示】

销售净利率＝净利润÷销售收入；

总资产周转率＝销售收入÷总资产；

权益乘数＝总资产÷所有者权益；

净资产收益率＝销售净利率×总资产周转率×权益乘数

【分析】

上年销售净利率＝1 000÷10 000×100％＝10％

本年销售净利率＝1 200÷30 000×100％＝4％

上年总资产周转率＝10 000÷12 500＝0.8

本年总资产周转率＝30 000÷60 000＝0.5

上年权益乘数＝12 500÷10 000＝1.25

本年权益乘数＝60 000÷15 000＝4

上年净资产收益率＝10％×0.8×1.25＝10％

本年净资产收益率＝4％×0.5×4＝8％

第一次替代：净资产收益率＝4％×0.8×1.25＝4％

第二次替代：净资产收益率＝4％×0.5×1.25＝2.5％

第三次替代：净资产收益率＝4％×0.5×4＝8％

销售净利率下降对净资产收益率的影响＝4%－10%＝－6%
总资产周转率下降对净资产收益率的影响＝2.5%－4%＝－1.5%
权益乘数提高对净资产收益率的影响＝8%－2.5%＝5.5%

拓展阅读

财务分析报告的撰写方法

（1）要清楚明白地知道报告阅读的对象（内部管理报告的阅读对象主要是公司管理者尤其是领导）及报告分析的范围。

（2）了解读者对信息的需求，充分领会领导所需要的信息是什么。

（3）报告写作前，一定要有一个清晰的框架和分析思路。

（4）财务分析报告一定要与公司经营业务紧密结合，深刻领会财务数据背后的业务背景，切实揭示业务过程中存在的问题。

（5）财务分析报告的分析手法。

（6）分析过程中应注意的其他问题。

模块三 虚假财务报表的识别

一、虚假财务报表常见表现形式

（一）人为编造财务报表数据

人为编造的财务报表，往往是根据所报送对象的要求，人为编造有利于企业本身的财务数据形成报表。这种形式手段较为低级，或虚减、虚增资产，或虚减、虚增费用，或虚减、虚增利润等，但往往报表不平衡（子项之和不等于总数）、账表不相符、报表与报表之间钩稽关系不符、前后期报表数据不衔接等。

（二）利用会计方法的选择调整财务报表的有关数据

利用会计方法的选择形成的虚假财务报表，手段较为隐蔽，技术更为高级，更难以识别，常见的手段有以下几种。

1. 调整收入确认方式

调整收入确认方式，使利润虚增或虚减。现行会计制度规定可以采取三种收入确定方式。

（1）销售行为完成（商品已销售，商品发出，取得权利；劳务已提供），无论货款是否收到，即可视为收入实现。

（2）按生产进度确认（完工程度或工程进度）。

（3）按合同约定确认，主要指分期付款销售方式。同时规定，在确认营业收入时，还应扣除折扣、折让、销售退回。造假时，企业可根据需要随时调整收入确认方式，或调整扣除项目。

2. 调整存货计价方法

调整存货等计价方法，从而虚增、虚减资产和费用。如通过选择先进先出法、加权平均法等，使账面资产或产品成本费用虚增、虚减。

3. 调整折旧计提方法

调整折旧计提方法，延长或缩短折旧年限，虚增、虚减成本费用，从而调整利润的高低。

4. 利用资产重组调节利润

资产重组是企业为了优化资本结构，调整产业结构，完成战略转移等目的而实现的资产置换和股权置换。但目前资产重组被利用来做假账，典型做法有以下三种。

(1) 借助关联交易，由非上市的企业以优质资产置换上市公司的劣质资产。

(2) 由非上市的企业将盈利能力较高的下属企业廉价出售给上市公司。

(3) 由上市公司将一些闲置资产高价出售给非上市公司的企业。

这些做法的特点一是利用时间差，如在会计年度即将结束前进行重大资产买卖，确认暴利；二是不等价交换，即借助关联交易，在上市公司和非上市母公司之间进行“以垃圾换黄金”的利润转移。

5. 利用关联交易调节利润

利用关联交易调节利润主要方式有以下几种。

(1) 虚构经济业务，人为抬高上市公司业务和效益。

(2) 利用远高于或低于市场价格的方式，进行购销活动、资产置换和股权置换。

(3) 以旱涝保收的方式委托经营或受托经营，抬高上市公司的经营业绩。

(4) 以低息或高息发生资金往来，调节财务费用。

(5) 以收取或支付管理费、或分摊共同费用调节利润。

利用关联交易调节利润的最大特点：一是亏损大户可在一夜之间变成盈利大户，且关联交易的利润大都体现为“投资收益”或“营业外收入”，但上市公司利用关联交易赚取的“横财”，往往带有间发性；另一个特点是非上市公司企业的利润大量转移到上市公司，导致国有资产的流失。

6. 利用资产评估消除潜亏

按照会计制度的规定和谨慎原则，企业的潜亏应当依照法定程序，通过利润表予以体现。然而许多企业，特别是国有企业，往往在股份制改组、对外投资、租赁、抵押时，通过资产评估，将坏账、滞销和毁损存货、长期投资损失、固定资产损失以及递延资产等潜亏确认为评估减值，冲抵“资本公积”，从而达到粉饰财务报表，虚增利润的目的。

7. 利用利息资本化调节利润

根据现行会计制度的规定，企业为在建工程和固定资产等长期资产而支付的利息费用，在这些长期资产投入使用前，可予以资本化，计入这些长期资产的成本。投入使用后则必须将利息费用计入当期损益。但有些企业在长期资产投入使用后仍将利息费用予以资本化，明显滥用配比原则和区分资本性支出与经营性支出原则，虚增了利润。利用利息资本化调节利润的更隐秘的做法是，利用自有资金和借入资金难以界定的事实，通过人为划定资金来源和资金用途，将用于非资本性支出的利息资本化。

二、虚假财务报表的识别方法

（一）人为编造财务报表数据的识别方法

1. 掌握证据

应该尽可能多地通过不同渠道收集同一时点的财务报表，对比异同点，对差异的数据提出质疑。

2. 对比分析

可以连续向企业要同一时点的财务报表，对有差异的数据进行质疑；核对各财务报表内部的平衡关系和报表之间的钩稽关系，找出疑点；与平时观察掌握的经营状况进行对比，找出关键或重要财务项目的漏洞、疑点。

3. 查账核实

进行现场调查，进行账表、账账、账证和账实核对。

（二）会计方法选择形成虚假报表的识别方法

1. 不良资产剔除法

这里所说的不良资产，除长期待摊费用等虚拟资产项目外，还包括可能产生潜亏的资产项目，如高龄应收款项、存货跌价和积压损失、投资损失、固定资产损失等。其方法的运用，一是将不良资产总额与净资产进行比较，如果不良资产总额接近或超过净资产，既说明企业的持续经营能力可能有问题，也可能表明企业在过去几年因人为夸大利润形成“资产泡沫”；一是将当期不良资产的增加额和增减幅度与当期的利润总额和利润增加幅度相比较，如果不良资产的增加额及增加幅度超过利润总额的增加额及增加幅度，说明企业当期的利润表含有“水分”。

2. 关联交易剔除法

关联交易剔除法是指将来自关联企业的营业收入和利润总额予以剔除，分析某一特定企业的盈利能力在多大程度上依赖于关联企业，以判断该企业的盈利基础是否扎实、利润来源是否稳定。如果企业的营业收入和利润来源主要来自关联企业，就应特别关注关联交易的定价政策，分析企业是否存在以不等价交换方式与关联企业交易从而虚增或虚减利润的现象。

关联交易剔除法的延伸运用是，将上市公司的财务报表与其母公司编制的合并财务报表进行对比分析。如果母公司合并财务报表的利润总额（应剔除上市公司的利润总额）大大低于上市公司的利润总额，就意味母公司通过关联交易将利润转移到上市公司。

3. 异常利润剔除法

异常利润剔除法是指将其他业务利润、投资收益、补贴收入、营业外收入从企业的利润总额中剔除，以分析企业利润来源的稳定性。当企业利用资产重组或股权投资等方式调节利润时，主要在这些科目中反映，因而对此类情况该方法特别有效。

4. 现金流量分析法

现金流量分析法是指将经营活动产生的现金流量、投资活动产生的现金流量、现金净流量分别与主营业务利润、投资收益和净利润进行比较分析，以判断企业主营业务利润、投资收益和净利润的质量。如果企业的现金净流量长期低于净利润，将意味着与已经确认为利润相对应的资产可能属于不能转化为现金流量的虚拟资产，表明企业可能存在虚增利润的情况。

习　题

一、单项选择题

1. 财务报表解读一般不包括的内容是（　　）。
   A. 财务报表质量分析　　B. 财务报表要素分析
   C. 财务报表趋势分析　　D. 财务报表结构分析
2. 债权人是企业财务信息的需求主体，其最关心的是（　　）。
   A. 盈利能力　　B. 营运能力
   C. 偿债能力　　D. 发展能力
3. 通常与因素分析法密不可分的是（　　）。
   A. 指标计算　　B. 指标分析
   C. 指标分解　　D. 指标预测
4. 以下（　　）属于中期财务报表。
   A. 1—2 月报表　　B. 3—4 季度报表
   C. 1—6 月半年报　　D. 7—12 月半年报
5. （　　）可以反映构成所有者权益的各组成部分当期的增减变动情况。
   A. 资产负债表　　B. 利润表
   C. 现金流量表　　D. 所有者权益变动表
6. （　　）是反映企业在某一特定日期（如月末、季末、年末）全部资产、负债和所有者权益情况的财务报表，是企业经营活动的静态体现。
   A. 资产负债表　　B. 利润表
   C. 现金流量表　　D. 所有者权益变动表
7. （　　）是反映企业在一定会计期间的经营成果的动态财务报表。
   A. 资产负债表　　B. 利润表
   C. 现金流量表　　D. 所有者权益变动表
8. 《中华人民共和国会计法》规定，会计年度为（　　）。
   A. 每 12 个月　　B. 每年的 1 月 1 日到 12 月 31 日
   C. 每个经营期间　　D. 每年的 1 月到 12 月
9. （　　）是反映了企业在一定时期内现金的流入、现金的流出及净增加数的动态财务报表。
   A. 资产负债表　　B. 利润表
   C. 现金流量表　　D. 所有者权益变动表

二、多项选择题

1. 关于财务分析的目的表述正确的有（　　）。
   A. 帮助企业相关利益人进行决策和评价

B. 为投资决策、宏观经济等提供依据

C. 为信贷决策、销售决策提供依据

D. 为企业内部经营管理业绩评价、监督和选择经营管理者提供依据

2. 财务分析的评价标准包括（　　）。

A. 经验标准　　B. 历史标准

C. 行业标准　　D. 预算标准

3. 目前我国会计准则要求企业披露的财务报告包括（　　）等。

A. 资产负债表　　B. 利润表

C. 审计报告　　D. 附注

4. 影响历史标准可比性的因素包括（　　）。

A. 企业重组　　B. 经营业务变更

C. 企业新建　　D. 企业进步

5. 财务信息的需求主体主要包括（　　）。

A. 股东及潜在投资者　　B. 债权人

C. 企业内部管理者　　D. 政府及相关监管机关

6. 企业的动态财务报表包括（　　）。

A. 资产负债表　　B. 利润表

C. 现金流量表　　D. 所有者权益变动表

7. 虚假财务报表常见表现形式有（　　）。

A. 人为编造财务报表数据　　B. 利用会计方法的选择调整财务报表的有关数据

C. 关联交易调节利润　　D. 滥用会计估计

8. 按比较的指标分类，比较分析法包括（　　）。

A. 总量指标　　B. 财务比率

C. 结构百分比　　D. 同业分析

9. 按比较参照标准分类，比较分析法包括（　　）。

A. 总量指标　　B. 趋势分析法

C. 预算差异分析　　D. 同业分析

三、计算分析题

某企业 2020 年与 2021 年产品销售收入与产品销售量、产品销售单价资料如表 1-2 所示。

表 1-2　某企业 2020 年与 2021 年产品销售收入与产品销售量、产品销售单价资料

项目	本年（实际指标）	上年（基准指标）	差异
销售数量（台）	300	240	+60
销售单价（万元）	0.45	0.50	−0.05
产品销售收入（万元）	135	120	+15

要求：采用因素分析法计算并简要评价销售数量变动与销售单价变动对产品销售收入差异的影响。

第二单元
编制与解读财务报表

学习目标

• 知识目标

通过本项目学习，了解资产负债表、利润表、现金流量表、所有者权益变动表的基本内容和结构；掌握资产负债表、利润表、现金流量表、所有者权益变动表的编制原理和方法；掌握资产负债表、利润表、现金流量表、所有者权益变动表的项目解读及结构分析。

• 技能目标

通过本项目学习，能够独立编制资产负债表、利润表、所有者权益变动表，能够至少运用一种方法独立编制现金流量表；能够进行资产负债表、利润表、现金流量表、所有者权益变动表的项目解读及结构分析。

引入案例

资产负债表和利润表、现金流量表一同被称为企业的三大会计报表，它不但能够反映企业某一特定日期的财务状况，而且还能显示资产、负债和所有者权益情况的全貌。既可以将它看成一张“清单”，因为它根据资产、负债和所有者权益的相互关系，按一定的分类标准和排列顺序让各项目各就各位，表明公司的财务、经营状况，也可以将它看作一张“成绩单”，公司内各个部门，如管理部门、生产部门、销售部门分工合作，其工作成果用数字表示、分类汇总，就变成了这张“成绩单”。工作效率越高，协作越有效益，分数就越高。

A 公司成立于 2015 年 7 月 1 日，需要资金 300 万元，自己原有 100 万元，另外借款 200 万元。成立初期，财务首先编制了一张资产负债表。这当然是最简单的资产负债表，因为这个“大柜子”里还没有盛放更多的东西，也就是说 A 公司还没有进行相关的业务往来，但从这张表里，已经可以一目了然地看出：A 公司的总资产是 300 万元，其中，200 万元是借款，100 万元是公司自己的。

资产的存在形式是库存现金 50 万元、银行存款 100 万元、办公设备 150 万元。开业以后，A 公司的各种业务相应产生，这张资产负债表的左边可能会加上应收账款、存货等项目，右边也可能会加上短期借款、长期借款和应交税费等项目。随着时间的推移，资产负债表将越来越庞大，越来越充满着玄机。

有人将资产负债表看作一张“体检表”，别看每个公司都说自己是“健康宝宝”，但实际上可能这个得了脑血栓（资金严重周转不灵），那个有骨质疏松（固定资产老化）和消化不良（坏账太多），所以企业是否健康，管理者说了不算，销售业绩说了也不算，资产负债表说了才算。

模块四 资产负债表的编制

一、认识资产负债表

资产负债表属于静态报表，是反映企业在某一特定日期的财务状况的会计报表。它是根据资产、负债和所有者权益之间的相互关系，按照一定的分类标准和一定顺序，把企业一定日期的资产、负债和所有者权益各项目予以适当排列，并对日常工作中形成的大量数据进行相应的分类、汇总后编制而成的。它表明企业在某一特定日期所拥有或控制的经济资源、所承担的现时义务和所有者对净资产的要求权。

（一）资产负债表的性质和作用

1. 资产负债表的性质

资产负债表是企业的主要财务报表之一，每一个会计主体都必须按照规定定期编制资产负债表。

资产负债表是关于一个公司财务构成的记录。反映了：①公司拥有什么（公司资产）；②公司借了什么（公司负债）；③公司所有者的财产（所有者权益）；④反映出最基本的会计恒等式：资产＝负债＋所有者权益。

资产负债表有利方面：资产负债表对于了解和把握特定日期公司基本财务结构和债务状况将很有帮助。资产负债表不利方面：既不直接反映公司的财务业绩如何，也不反映它是否在某一时期中赚得足够的利润以承担其还债责任，并为公司的股东增加净资产。

2. 资产负债表的作用

资产负债表能够反映资产、负债和所有者权益的全貌，即资产、负债和所有者权益的数额及其构成情况。资产负债表对不同的报表使用者有着不同的作用。具体来说，企业的经营者、管理者通过资产负债表可以了解企业在生产经营过程中所拥有或控制的经济资源及其分布情况和应承担的责任、义务；可以了解资产、负债各项目的构成比例是否合理；通过前后期资产负债表的对比分析，还可以从资产、负债的结构变化中了解企业财务状况的变动趋势。企业的投资者通过资产负债表可以考核企业的经营者、管理者是否有效地利用了现有的经济资源，是否使企业的资本得到了保值、增值，从而对企业的经营者、管理者的工作业绩进行考核与评价，并以此作为是否继续对企业进行投资的依据。企业的债权人通过资产负债表可以了解企业现有的财务状况，从而分析企业的长期、短期偿债能力、企业的财务风险，并预测企业的发展前景，为以后的决策提供必要的信息。而国家政府管理部门（如财政、银行、税务等）通过资产负债表可以了解企业贯彻执行国家财经法规、方针、政策的情况和按期足额缴纳税款的情况，以便进行宏观调控等。资产负债表有着十分重要的作用，归纳如下。

（1）通过资产负债表，可以提供企业在某一特定日期的资产总额及其分布与结构，表明企业拥有或控制的经济资源及其分布情况，有助于分析企业的生产经营能力。

（2）通过资产负债表，可以提供企业在某一特定日期的负债总额及其结构，表明企业未来需要用多少资产或劳务清偿债务以及清偿时间，有助于分析企业的短期偿债能力和现金支付能力。

（3）通过资产负债表，可以反映企业所有者在某一特定日期所拥有的权益，有助于判断资本保值、增值的情况以及对负债的保障程度。

（4）通过前后两期或更多期资产负债表资料的比较，可以预测和推断企业财务状况发展的趋势。

（二）资产负债表的基本结构

资产负债表是以“资产＝负债＋所有者权益”这一会计等式为理论依据，按照一定的分类标准和一定的排列顺序，把企业某一特定日期的资产、负债和所有者权益各要素按其流动性进行项目分类后，予以适当排列编制而成的。

资产负债表一般由表头、正表、表尾三部分组成。表头部分列示报表的名称、编制单位、编制日期、报表编号和货币计量单位等内容；正表是资产负债表的主体和核心，主要列示资产、负债和所有者权益各项目；表尾主要是对表体内容的补充说明，它提供企业和有关部门需要了解的有关指标的详细内容。

目前，国际上流行的资产负债表主要有报告式和账户式两种格式。在不同的格式下，资产负债表的结构也会有所不同。

1. 报告式资产负债表

报告式资产负债表又称垂直式资产负债表，它是将资产、负债和所有者权益项目自上而下依次垂直排列，使表格内项目按照“资产＝权益”或“资产－负债＝所有者权益”来平衡。在项目排列上，按上下结构排列，即上半部列示资产项目，下半部先列示负债项目，后列示所有者权益项目。报告式资产负债表的参考格式如表 2-1 所示。

表 2-1　资产负债表（报告式）

编制单位：　　　　20×8 年×月×日　　　　单位：元

项目	金额	
	期初数	期末数
资产：		
流动资产		
长期投资		
固定资产		
无形资产		
其他资产		
资产合计		
负债：		
流动负债		
非流动负债		
其他负债		
负债小计		

续表

项目	金额	
	期初数	期末数
所有者权益： 实收资本 留存收益 所有者权益小计		
负债及所有者权益合计		

报告式资产负债表的优点主要便于比较资产负债表，因在一张资产负债表中，除列示本期的财务状况外，还可增设栏目，分别列示过去几期的财务状况。其缺点主要是资产和权益间的恒等关系并不一目了然。

2. 账户式资产负债表

《企业会计准则——基本准则》规定，我国企业填报的资产负债表采用账户式，并提供年初数和期末数的比较资料，它适用于在中华人民共和国境内设立的企业，包括公司。

账户式资产负债表呈左右结构，左方列示资产项目，右方列示负债和所有者权益项目，根据“资产＝负债＋所有者权益”的会计等式，且要求左方的资产各项目的合计数必须等于右方的负债和所有者权益各项目的合计数。一般企业资产负债表的格式如表 2-2 所示。

表 2-2　资产负债表（账户式）

会企 01 表

编制单位：　　　　年　　月　　日　　　　单位：元

资产	期末余额	年初余额	负债和所有者权益（或股东权益）	期末余额	年初余额
流动资产：			流动负债：		
货币资金			短期借款		
以公允价值计量且其变动计入当期损益的金融资产			以公允价值计量且其变动计入当期损益的金融负债		
应收票据			应付票据		
应收账款			应付账款		
预付账款			预收账款		
应收利息			应付职工薪酬		
应收股利			应交税费		
其他应收款			应付利息		
存货			应付股利		
持有待售资产			其他应付款		
一年内到期的非流动资产			持有待售负债		
其他流动资产			一年内到期的非流动负债		

续表

资产	期末余额	年初余额	负债和所有者权益（或股东权益）	期末余额	年初余额
流动资产合计			其他流动负债		
非流动资产：			流动负债合计		
可供出售金融资产			非流动负债：		
持有至到期投资			长期借款		
长期应收款			应付债券		
长期股权投资			长期应付款		
投资性房地产			专项应付款		
固定资产			预计负债		
在建工程			递延所得税负债		
工程物资			其他非流动负债		
固定资产清理			非流动负债合计		
生产性生物资产			负债合计		
油气资产			所有者权益（或股东权益）：		
无形资产			实收资本（或股本）		
开发支出			资本公积		
商誉			减：库存股		
长期待摊费用			其他综合收益		
递延所得税资产			盈余公积		
其他非流动资产			未分配利润		
非流动资产合计			所有者权益（或股东权益）合计		
资产总计			负债和所有者权益总计		

账户式资产负债表应按资产、负债和所有者权益分类分项列示，其中：资产项目按资产的流动性大小分类分项列示，流动资产项目排列在前面，非流动资产项目排列在后面；负债按债务偿还期的长短分类分项列示，流动负债项目排列在前面，非流动负债项目排列在后面；所有者权益项目按权益的永久程度的高低分类分项列示，永久程度高的权益项目排列在前面，永久程度低的权益项目排列在后面。

企业的流动资产应当满足下列条件之一：①预计在一个正常营业周期中变现、出售或耗用；②主要是为交易目的而持有；③预计在资产负债表日起一年内（含一年）变现；④自资产负债表日起一年内，交换其他资产或清偿负债的能力不受限制的现金或现金等价物。

除流动资产外，其他资产统称为非流动资产，并应按其性质分类列示。

企业的流动负债应当满足下列条件之一：①预计在一个正常营业周期中清偿；②主要是为交易目的而持有；③预计在资产负债表日起一年内（含一年）到期应予以清偿；④企业无权自主地将清

偿推迟至资产负债表日后一年以上。

除流动负债外，其他负债统称为非流动负债，并应按其性质分类列示。

对于资产负债日起一年内到期的负债，企业预计能够自主地将清偿义务展期至资产负债表日后一年以上的，应当归类为非流动负债；不能自主地将清偿义务展期的，即使在资产负债表日后、财务会计报告批准报出日前签订了重新安排清偿计划协议，该项负债仍应归类为流动负债；企业在资产负债表日或之前违反了长期借款协议，导致贷款人可随时要求清偿的负债，应当归类流动负债；贷款人在资产负债表日或之前同意提供在资产负债表日起一年以上的宽限期，企业能够在此期限内改正违约行为，且贷款人不能要求随时清偿，该项负债应当归为非流动负债。其他长期负债存在类似情况的，同上处理。

二、编制资产负债表

资产负债表的编制原理是“资产＝负债＋所有者权益”会计恒等式。它既是一张平衡报表，反映资产总计（左方）与负债及所有者权益总计（右方）相等；又是一张静态报表，反映企业在某一时点的财务状况，如月末或年末。通过在资产负债表上设立“年初余额”和“期末余额”栏，也能反映出企业财务状况的变动情况。

（一）填列资产负债表“年初余额”栏原理和方法

资产负债表“年初余额”栏内各个项目的金额，应根据上年度资产负债表各个项目“期末余额”栏的金额对应填列。如果本年度资产负债表规定的各个项目的名称或内容与上年度不一致，应当对上年度资产负债表各项目的名称和数字按照本年度的新规定进行调整，并按调整后的金额填入本年度资产负债表对应项目的“年初余额”栏内。

（二）填列资产负债表“期末余额”栏原理和方法

资产负债表“期末余额”栏内各个项目的金额，应根据企业资产、负债和所有者权益类账户的总账和明细账的期末余额分析填列。根据资产负债表各个项目的分析填列方法不同，现将资产负债表“期末余额”栏的填列方法划分为以下五类。

1. 根据总账科目余额直接填列

资产负债表大部分项目的填列都是根据有关总账账户的余额直接填列，如“应收票据”项目，根据“应收票据”总账科目的期末余额直接填列；“短期借款”项目，根据“短期借款”总账科目的期末余额直接填列。“工程物资”“递延所得税资产”“短期借款”“应付票据”“应付职工薪酬”“应交税费”“递延所得税负债”“预计负债”“实收资本”“资本公积”“盈余公积”等，都在此项之内。

2. 根据总账科目余额计算填列

如“货币资金”项目，根据“库存现金”“银行存款”“其他货币资金”科目的期末余额合计数计算填列。

3. 根据明细科目余额计算填列

如“应收账款”项目，应根据“应收账款”“预收账款”两个科目所属的有关明细科目的期末借方余额扣除计提的减值准备后计算填列；“应付账款”项目，根据“应付账款”“预付账款”科目所属相关明细科目的期末贷方余额计算填列。

4. 根据总账科目和明细科目余额分析计算填列

如"长期借款"项目，根据"长期借款"总账科目期末余额，扣除"长期借款"科目所属明细科目中反映的、将于一年内到期的长期借款部分，分析计算填列。

5. 根据科目余额减去其备抵项目后的净额填列

如"存货"项目，根据"存货"科目的期末余额，减去"存货跌价准备"备抵科目余额后的净额填列；又如，"无形资产"项目，根据"无形资产"科目的期末余额，减去"无形资产减值准备"与"累计摊销"备抵科目余额后的净额填列。

（三）资产负债表各项目填列方法

1. 编制流动资产项目

（1）"货币资金"项目，反映企业生产经营过程中处于货币形态的资产，包括库存现金、银行存款、外埠存款、银行本票存款、银行汇票存款、存出投资款、信用证保证金存款和信用卡存款等。该项目应根据"库存现金""银行存款""其他货币资金"总账账户的期末借方余额计算填列。计算公式为：

"货币资金"项目"期末余额"栏金额＝"库存现金"总账账户的期末借方余额＋"银行存款"总账账户的期末借方余额＋"其他货币资金"总账账户的期末借方余额

练习 2-1

根据表 2-3 ABC 公司 20×9 年总账账户期末余额表，计算 ABC 公司编制的 20×9 年资产负债表中"货币资金"项目"期末余额"栏的金额。

表 2-3　ABC 公司 20×9 年总账账户期末余额表

单位：元

账户名称	借方余额	账户名称	贷方余额
库存现金	20 000	坏账准备	3 370
银行存款	216 751	存货跌价准备	2 000
其他货币资金	20 000	累计折旧	260 000
应收账款	120 000	固定资产减值准备	20 000
应收票据	20 400	累计摊销	220 000
原材料	125 980	短期借款	50 000
周转材料	3 600	应付账款	80 000
生产成本	79 330	应付职工薪酬	122 851
库存商品	215 600	长期借款	500 000
材料成本差异	2 000	实收资本	1 000 000
固定资产	900 000	盈余公积	16 544
无形资产	700 000	利润分配	148 896
合计	2 423 661	合计	2 423 661

解：“货币资金”项目“期末余额”栏金额＝“库存现金”总账账户的期末借方余额＋“银行存款”总账账户的期末借方余额＋“其他货币资金”总账账户的期末借方余额＝20 000＋216 751＋20 000＝256 751（元）

（2）“以公允价值计量且其变动计入当期损益的金融资产”项目，反映企业持有的以公允价值计量且其变动计入当期损益的为交易目的持有的股票投资、债券投资、基金投资、权证投资等金融资产的公允价值。该项目应根据“交易性金融资产”（包括“交易性金融资产”和在初始确认时指定为以公允价值计量且其变动计入当期损益的金融资产）总账账户的期末借方余额填列。

（3）“应收票据”项目，反映企业因销售商品、提供劳务等而收到并持有的应收取商业汇票的账面价值。该项目应根据“应收票据”总账账户的期末借方余额填列。已经向银行贴现或已经背书转让的应收商业汇票不应在该项目中反映，但是已向银行贴现的商业承兑汇票，因银行具有对该商业汇票的追索权，所以应在报表附注中加以披露。

（4）“应收账款”项目，反映企业因销售产品或商品、提供劳务等应向购买单位收取的款项，主要包括企业销售商品或提供劳务等应向有关债务人收取的价款及代购货单位垫付的包装费、运杂费等，是企业的一项资产。该项目应根据“应收账款”“预收账款”明细账账户的期末借方余额和“坏账准备”明细账账户的期末贷方余额分析填列。计算公式为：

“应收账款”项目“期末余额”栏金额＝“应收账款”明细账账户的期末借方余额合计＋“预收账款”明细账账户的期末借方余额合计－“坏账准备”明细账账户期末贷方余额中依据“应收账款”计提数

练习 2-2

根据表 2-3 ABC 公司 20×9 年总账账户期末余额表所示，结合表 2-4 ABC 公司应收账款明细账的资料，计算 ABC 公司编制的 20×9 年资产负债表中“应收账款”项目和“预收账款”项目“期末余额”栏的金额。

表 2-4　ABC 公司应收账款明细账资料

单位：元

账户名称	期末借方余额	期末贷方余额
应收账款——乙	120 000	
应收账款——丙	30 000	
应收账款——丁		30 000

解：“应收账款”项目“期末余额”栏金额＝“应收账款”明细账账户的期末借方余额合计－“坏账准备”总账账户的期末贷方余额＝120 000＋30 000－3 370＝146 630（元）

（5）“预付账款”项目，反映企业预付给供货单位的款项，是企业的一项资产。该项目应根据“预付账款”和“应付账款”明细账账户的期末借方余额分析填列。计算公式为：

“预付账款”项目“期末余额”栏金额＝“预付账款”明细账账户的期末借方余额合计＋“应付账款”明细账账户的期末借方余额合计

练习 2-3

根据表 2-3 ABC 公司 20×9 年总账账户期末余额表所示，结合表 2-5 ABC 公司应付账款明细账的资料，计算 ABC 公司编制的 20×9 年资产负债表中“应付账款”项目和“预付账款”项目“期末余额”栏的金额。

表 2-5　ABC 公司应付账款明细账资料

单位：元

账户名称	期末借方余额	期末贷方余额
应付账款——A	40 000	
应付账款——B		100 000
应付账款——C		20 000

解：“预付账款”项目“期末余额”栏金额＝“预付账款”明细账账户的期末借方余额合计＋“应付账款”明细账账户的期末借方余额合计＝0＋40 000＝40 000（元）

（6）“应收利息”项目，反映企业因债权性投资而应收取的未收利息。该项目应根据“应收利息”总账账户的期末借方余额填列。企业购入的到期一次还本付息的债券应收取的未收利息不应在该项目中反映。

（7）“应收股利”项目，反映企业因股权性投资而应收取的未收现金股利或利润。该项目应根据“应收股利”总账账户的期末借方余额填列。

（8）“其他应收款”项目，反映企业应收或暂付的除应收账款、应收票据、预付账款之外的应收款项减去对其计提的坏账准备之后的净额。该项目应根据“其他应收款”总账账户的期末借方余额减去“坏账准备”明细账账户中根据“其他应收款”计提部分净额填列。计算公式为：

“其他应收款”项目“期末余额”栏金额＝“其他应收款”总账账户的期末借方余额－“坏账准备”明细账账户期末贷方余额中依据“其他应收款”计提数

（9）“存货”项目，反映企业持有以备出售的产品或商品、处于生产过程中的在产品和在生产过程中或提供劳务过程中将要耗用的材料物资等的可收回净额。包括各类材料、在产品、半成品、产成品、商品以及包装物、低值易耗品、委托代销商品等。该项目应根据“材料采购”“在途物资”“原材料”“周转材料”“生产成本”“委托加工物资”“库存商品”“自制半成品”“分期收款发出商品”“委托代销商品”“受托代销商品”等总账账户的期末借方余额合计数减去“存货跌价准备”总账账户的期末贷方余额，并结合“材料成本差异”账户的期末余额计算分析填列。计算公式为：

“存货”项目“期末余额”栏金额＝“材料采购”总账账户的期末借方余额（计划成本法）＋“在途物资”总账账户的期末借方余额（实际成本法）＋“原材料”总账账户的期末借方余额＋“周转材料”总账账户的期末借方余额＋“生产成本”总账账户的期末借方余额（表示未完工产品）＋

“委托加工物资”总账账户的期末借方余额＋“库存商品”总账账户的期末借方余额＋“自制半成品”总账账户的期末借方余额＋“分期收款发出商品”总账账户的期末借方余额＋“委托代销商品”总账账户的期末借方余额＋“受托代销商品”总账账户的期末借方余额－“受托代销商品款”总账账户的期末贷方余额＋“材料成本差异”总账账户的期末借方余额（计划成本法）－“材料成本差异”总账账户的期末贷方余额－“存货跌价准备”总账账户的期末贷方余额

练习 2-4

根据表 2-3 ABC 公司 20×9 年总账账户期末余额表所示，计算 ABC 公司编制的 20×9 年资产负债表中“存货”项目“期末余额”栏的金额。

解：“存货”项目“期末余额”栏金额＝“原材料”总账账户的期末借方余额＋“周转材料”总账账户的期末借方余额＋“生产成本”总账账户的期末借方余额＋“库存商品”总账账户的期末借方余额＋“材料成本差异”总账账户的期末借方余额－“存货跌价准备”总账账户的期末贷方余额＝125 980＋3 600＋79 330＋215 600＋2 000－2 000＝424 510（元）

（10）“持有待售资产”项目，资产负债表日划分为持有待售类别的非流动资产及划分为持有待售类别的处置组中的流动资产和非流动资产的期末账面价值。该项目应根据在资产类科目新设置的“持有待售资产”科目的期末余额，减去“持有待售资产减值准备”科目的期末余额后的金额填列。

（11）“一年内到期的非流动资产”项目，反映企业将于资产负债表日起一年内（含一年）到期的非流动资产的金额，涉及的非流动资产项目主要有“持有至到期投资”和“长期应收款”项目。该项目应根据“持有至到期投资”和“长期应收款”明细账账户的期末借方余额分析填列。计算公式为：

“一年内到期的非流动资产”项目“期末余额”栏金额＝将于一年内到期的“持有至到期投资”明细账账户的期末借方余额＋将于一年内到期的“长期应收款”明细账账户的期末借方余额

练习 2-5

资料：20×9 年末，乙企业“持有至到期投资”账户的借方余额为 700 000 元，其中包括 20×6 年 5 月购入的 4 年期债券 300 000 元，20×8 年 5 月购入的 3 年期债券 400 000 元。“长期应收款”账户的借方余额为 1 000 000 元，预计今后 10 年每年收到 100 000 元。

要求：计算乙公司编制的 20×9 年资产负债表中“一年内到期的非流动资产”项目“期末余额”栏的金额。

解：“一年内到期的非流动资产”项目“期末余额”栏金额＝将于一年内到期的“持有至到期投资”明细账账户的期末借方余额＋将于一年内到期的“长期应收款”明细账账户的期末借方余额＝300 000＋100 000＝400 000（元）

（12）“其他流动资产”项目，反映企业除以上流动资产项目以外的其他流动资产。该项目应根据相关总账账户的期末借方余额填列。若其他流动资产的金额较高，应在报表附注中披露其内容和金额。

(13)“流动资产合计”项目，反映企业资产负债表中流动资产金额的合计数。该项目应根据“货币资金”项目、“以公允价值计量且其变动计入当期损益的金融资产”项目、“应收票据”项目、“应收账款”项目、“预付账款”项目、“应收利息”项目、“应收股利”项目、“其他应收款”项目、“存货”项目、“一年内到期的非流动资产”项目和“其他流动资产”项目的金额计算填列。计算公式为：

“流动资产合计”项目“期末余额”栏金额＝“货币资金”项目“期末余额”栏金额＋“以公允价值计量且其变动计入当期损益的金融资产”项目“期末余额”栏金额＋“应收票据”项目“期末余额”栏金额＋“应收账款”项目“期末余额”栏金额＋“预付账款”项目“期末余额”栏金额＋“应收利息”项目“期末余额”栏金额＋“应收股利”项目“期末余额”栏金额＋“其他应收款”项目“期末余额”栏金额＋“存货”项目“期末余额”栏金额＋“一年内到期的非流动资产”项目“期末余额”栏金额＋“其他流动资产”项目“期末余额”栏金额

2. 编制非流动资产项目

(1)“可供出售金融资产”项目，反映企业划分为可供出售金融资产的股票、债券、基金等金融资产的公允价值。该项目应根据“可供出售金融资产”总账账户的期末借方余额填列。

(2)“持有至到期投资”项目，反映企业持有的到期日固定、回收金额固定或可确定，且企业有明确意图和能力持有至到期的非衍生金融资产。该项目应根据“持有至到期投资”总账账户的期末借方余额减去“持有至到期投资减值准备”总账账户的期末贷方余额，再减去将于一年内到期的“持有至到期投资”明细账账户的期末借方余额的净额填列。计算公式为：

“持有至到期投资”项目“期末余额”栏金额＝“持有至到期投资”总账账户的期末借方余额－“持有至到期投资减值准备”总账账户的期末贷方余额－将于一年内到期的“持有至到期投资”明细账账户的期末借方余额

(3)“长期应收款”项目，反映企业收回期限在一年以上的长期应收款项，包括融资租赁产生的应收款项、采用延期收款方式具有融资性质的销售商品和提供劳务等业务中产生的应收款项。该项目应根据“长期应收款”总账账户的期末借方余额减去“坏账准备”明细账账户中根据“长期应收款”计提的部分，减去“未实现融资收益”总账账户的期末贷方余额，再减去将于一年内到期的“长期应收款”明细账账户的期末借方余额的净额填列。计算公式为：

“长期应收款”项目“期末余额”栏金额＝“长期应收款”总账账户的期末借方余额－“坏账准备”明细账账户期末贷方余额中根据“长期应收款”的计提数－“未实现融资收益”总账账户的期末贷方余额－将于一年内到期的“长期应收款”明细账账户的期末借方余额

(4)“长期股权投资”项目，反映投资方对被投资单位实施控制、重大影响的权益性投资，以及对其合营企业的权益性投资。该项目应根据“长期股权投资”总账账户的期末借方余额减去“长期股权投资减值准备”总账账户的期末贷方余额的净额填列。计算公式为：

“长期股权投资”项目“期末余额”栏金额＝“长期股权投资”总账账户的期末借方余额－“长期股权投资减值准备”总账账户的期末贷方余额

(5)“投资性房地产”项目，反映企业持有的为赚取租金或资本增值，或两者兼有的房屋建筑物或土地使用权。该项目应根据“投资性房地产”总账账户的期末借方余额减去“投资性房地产累计摊销”或“投资性房地产累计折旧”总账账户的期末贷方余额，再减去“投资性房地产减值准备”总账账户的期末贷方余额的净额填列。计算公式为：

“投资性房地产”项目“期末余额”栏金额＝“投资性房地产”总账账户的期末借方余额－“投资性房地产累计折旧（或累计摊销）”总账账户的期末贷方余额－“投资性房地产减值准备”总账账户的期末贷方余额

(6)“固定资产”项目，反映企业为生产商品、提供劳务、出租或经营管理而持有的，使用寿命超过一个会计年度的有形资产的净值。包括企业拥有的厂房、机器、设备等可供企业长期使用的实物资产。该项目应根据“固定资产”总账账户的期末借方余额减去“累计折旧”总账账户的期末贷方余额，再减去“固定资产减值准备”总账账户的期末贷方余额的净额填列。计算公式为：

“固定资产”项目“期末余额”栏金额＝“固定资产”总账账户的期末借方余额－“累计折旧”总账账户的期末贷方余额－“固定资产减值准备”总账账户的期末贷方余额

练习 2-6

根据表 2-3 ABC 公司 20×9 年总账账户期末余额表所示，计算 ABC 公司编制的 20×9 年资产负债表中“固定资产”项目“期末余额”栏的金额。

解：“固定资产”项目“期末余额”栏金额＝“固定资产”总账账户的期末借方余额－“累计折旧”总账账户的期末贷方余额－“固定资产减值准备”总账账户的期末贷方余额＝900 000－260 000－20 000＝620 000（元）

---

(7)“在建工程”项目，反映企业基建、更新改造等在建工程发生的支出，包括交付安装的设备价值，未完工建筑安装工程已耗用的材料物资、人工工资和各种费用支出等，预付出包工程的款项，已经建筑安装完毕但尚未实际交付使用的工程等。该项目应根据“在建工程”总账账户的期末借方余额减去“在建工程减值准备”总账账户的期末贷方余额的净额填列。计算公式为：

“在建工程”项目“期末余额”栏金额＝“在建工程”总账账户的期末借方余额－“在建工程减值准备”总账账户的期末贷方余额

(8)“工程物资”项目，反映企业为在建工程而准备的各种材料物资的实际成本。该项目应根据“工程物资”总账账户的期末借方余额减去“工程物资减值准备”总账账户的期末贷方余额的净额填列。计算公式为：

“工程物资”项目“期末余额”栏金额＝“工程物资”总账账户的期末借方余额－“工程物资减值准备”总账账户的期末贷方余额

(9)“固定资产清理”项目，反映企业因出售、报废、毁损、对外投资、非货币性资产交换、债务重组等原因处置固定资产转入清理但未清理完毕的固定资产的账面价值，以及在清理过程中所发生的清理收入和清理费用。该项目应根据“固定资产清理”总账账户的期末余额分析填列。若期末余额在借方，应以“＋”号填列；若期末余额在贷方，应以“－”号填列。

(10)“生产性生物资产”项目，反映企业尤其是农业企业持有的用于生产的生物资产的净值。该项目应根据“生产性生物资产”总账账户的期末借方余额减去“生产性生物资产累计折旧”总账账户的期末贷方余额，再减去“生产性生物资产减值准备”总账账户的期末贷方余额的净额填列。计算公式为：

“生产性生物资产”项目“期末余额”栏金额＝“生产性生物资产”总账账户的期末借方余额－

“生产性生物资产累计折旧”总账账户的期末贷方余额－“生产性生物资产减值准备”总账账户的期末贷方余额

(11)“油气资产”项目，反映企业主要是石油天然气开采企业持有的矿区权益和油气井及相关设施的净值。该项目应根据“油气资产”总账账户的期末借方余额减去“累计折耗”总账账户的期末贷方余额，再减去“油气资产减值准备”总账账户的期末贷方余额的净额填列。计算公式为：

“油气资产”项目“期末余额”栏金额＝“油气资产”总账账户的期末借方余额－“累计折耗”总账账户的期末贷方余额－“油气资产减值准备”总账账户的期末贷方余额

(12)“无形资产”项目，反映企业所拥有或者控制的没有实物形态的可辨认的非货币性资产。包括专利权、非专利技术、商标权、著作权、特许权、土地使用权等。该项目应根据“无形资产”总账账户的期末借方余额减去“累计摊销”总账账户的期末贷方余额，再减去“无形资产减值准备”总账账户的期末贷方余额的净额填列。计算公式为：

“无形资产”项目“期末余额”栏金额＝“无形资产”总账账户的期末借方余额－“累计摊销”总账账户的期末贷方余额－“无形资产减值准备”总账账户的期末贷方余额

练习 2-7

根据表 2-3 ABC 公司 20×9 年总账账户期末余额表所示，计算 ABC 公司编制的 20×9 年资产负债表中“无形资产”项目“期末余额”栏的金额。

解：“无形资产”项目“期末余额”栏金额＝“无形资产”总账账户的期末借方余额－“累计摊销”总账账户的期末贷方余额＝700 000－220 000＝480 000（元）

(13)“开发支出”项目，反映企业自行开发无形资产中符合资本化条件，但无形资产尚未达到预定可使用或可销售状态的支出。该项目应根据“研发支出”总账账户的期末借方余额填列。

(14)“商誉”项目，反映企业在合并中形成的商誉的价值。该项目应根据“商誉”总账账户的期末借方余额减去“商誉减值准备”总账账户的期末贷方余额的净额填列。计算公式为：

“商誉”项目“期末余额”栏金额＝“商誉”总账账户的期末借方余额－“商誉减值准备”总账账户的期末贷方余额

(15)“长期待摊费用”项目，反映企业已经发生但应由本期或以后各期负担的，分摊期限在一年以上的各项费用。该项目应根据“长期待摊费用”总账账户的期末借方余额填列。

(16)“递延所得税资产”项目，反映企业因确认可抵扣暂时性差异而产生的递延所得税资产。该项目应根据“递延所得税资产”总账账户的期末借方余额填列。

(17)“其他非流动资产”项目，反映企业除以上非流动资产项目以外的其他非流动资产。该项目应根据相关总账账户的期末借方余额填列。若其他非流动资产的金额较高，应在报表附注中披露其内容和金额。

(18)“非流动资产合计”项目，反映企业资产负债表中非流动资产金额的合计数。该项目应根据“可供出售金融资产”项目、“持有至到期投资”项目、“长期应收款”项目、“长期股权投资”项目、“投资性房地产”项目、“固定资产”项目、“在建工程”项目、“工程物资”项目、“固定资产清理”项目、“生产性生物资产”项目、“油气资产”项目、“无形资产”项目、“开发支出”项目、“商誉”

项目、“长期待摊费用”项目、“递延所得税资产”项目和“其他非流动资产”项目的金额计算填列。计算公式为：

“非流动资产合计”项目“期末余额”栏金额＝“可供出售金融资产”项目“期末余额”栏金额＋“持有至到期投资”项目“期末余额”栏金额＋“长期应收款”项目“期末余额”栏金额＋“长期股权投资”项目“期末余额”栏金额＋“投资性房地产”项目“期末余额”栏金额＋“固定资产”项目“期末余额”栏金额＋“在建工程”项目“期末余额”栏金额＋“工程物资”项目“期末余额”栏金额＋“固定资产清理”项目“期末余额”栏金额＋“生产性生物资产”项目“期末余额”栏金额＋“油气资产”项目“期末余额”栏金额＋“无形资产”项目“期末余额”栏金额＋“开发支出”项目“期末余额”栏金额＋“商誉”项目“期末余额”栏金额＋“长期待摊费用”项目“期末余额”栏金额＋“递延所得税资产”项目“期末余额”栏金额＋“其他非流动资产”项目“期末余额”栏金额

(19)“资产总计”项目，反映企业资产负债表中全部资产金额的合计数。该项目应根据“流动资产合计”项目和“非流动资产合计”项目的金额计算填列。计算公式为：

“资产总计”项目“期末余额”栏金额＝“流动资产合计”项目“期末余额”栏金额＋“非流动资产合计”项目“期末余额”栏金额

3. 编制流动负债项目

(1)“短期借款”项目，反映企业向银行等金融机构借入尚未归还的期限在一年以下（含一年）的各种借款。该项目应根据“短期借款”总账账户的期末贷方余额填列。

(2)“以公允价值计量且其变动计入当期损益的金融负债”项目，反映企业因交易而发生的金融负债的公允价值，企业持有的直接指定为以公允价值计量且其变动计入当期损益的金融负债也在此项目核算。该项目应根据“交易性金融负债”总账账户的期末贷方余额填列。

(3)“应付票据”项目，反映企业因购买材料、商品和接受劳务等开出、承兑的商业汇票，包括商业承兑汇票和银行承兑汇票。该项目应根据“应付票据”总账账户的期末贷方余额填列。

(4)“应付账款”项目，反映企业因购买商品或接受劳务而应向供货单位支付的款项，是企业的一项负债。该项目应根据“应付账款”和“预付账款”明细账账户的期末贷方余额分析填列。计算公式为：

“应付账款”项目“期末余额”栏金额＝“应付账款”明细账账户的期末贷方余额合计＋“预付账款”明细账账户的期末贷方余额合计

练习 2-8

根据表 2-3 ABC 公司 20×9 年总账账户期末余额表所示，结合表 2-5 ABC 公司应付账款明细账的资料，计算 ABC 公司编制的 20×9 年资产负债表中“应付账款”项目“期末余额”栏的金额。

解：“应付账款”项目“期末余额”栏金额＝“应付账款”明细账账户的期末贷方余额合计＋“预付账款”明细账账户的期末贷方余额合计＝100 000＋20 000＋0＝120 000（元）

---

(5)“预收账款”项目，反映企业预收购买单位的货款，是企业的一项负债。该项目应根据“预收账款”和“应收账款”明细账账户的期末贷方余额分析填列。计算公式为：

“预收账款”项目“期末余额”栏金额＝“预收账款”明细账账户的期末贷方余额合计＋“应收账款”明细账账户的期末贷方余额合计

练习 2-9

根据表 2-3 ABC 公司 20×9 年总账账户期末余额表所示，结合表 2-4 ABC 公司应收账款明细账的资料，计算 ABC 公司编制的 20×9 年资产负债表中“预收账款”项目“期末余额”栏的金额。

解：“预收账款”项目“期末余额”栏金额＝“预收账款”明细账账户的期末贷方余额合计＋“应收账款”明细账账户的期末贷方余额合计＝0＋30 000＝30 000（元）

（6）“应付职工薪酬”项目，反映企业根据有关规定应支付给职工的各项薪酬，包括工资、奖金、津贴、职工福利、社会保险费、住房公积金、工会经费、职工教育经费、非货币性福利、辞退福利、股份支付等内容。该项目应根据“应付职工薪酬”总账账户的期末贷方余额填列。

（7）“应交税费”项目，反映企业按照税法等规定计算应交纳的各项税费，包括增值税、消费税、企业所得税、资源税、土地增值税、城市维护建设税、房产税、土地使用税、车船使用税、教育费附加等。企业代扣代缴的职工个人所得税也在此项目列示。该项目应根据“应交税费”总账账户的期末余额填列。若期末余额在借方，应以“－”号填列；若期末余额在贷方，应以“＋”号填列。

（8）“应付利息”项目，反映企业应支付的短期借款、分期付息到期还本的长期借款、企业发行分期付息到期还本的债券等的利息。该项目应根据“应付利息”总账账户的期末贷方余额填列。

（9）“应付股利”项目，反映企业确定或宣告支付但尚未实际支付给投资者及其他单位或个人的现金股利或利润。该项目应根据“应付股利”总账账户的期末贷方余额填列。

（10）“其他应付款”项目，反映企业除应付票据、应付账款、预收账款、应付职工薪酬、应交税费、应付利息、长期应付款等以外的各项暂收或应付其他单位或个人的款项。该项目应根据“其他应付款”总账账户的期末贷方余额填列。

（11）“持有待售负债”项目，资产负债表日处置组中与划分为持有待售类别的资产直接相关的负债的期末账面价值。该项目应根据在负债类科目新设置的“持有待售负债”科目的期末余额填列。

（12）“一年内到期的非流动负债”项目，反映企业将于资产负债表日起一年内（含一年）到期的非流动负债的金额，涉及的非流动负债项目主要有“长期借款”、“应付债券”、“长期应付款”和“专项应付款”项目。该项目应根据“长期借款”“应付债券”“长期应付款”“专项应付款”明细账账户的期末贷方余额分析填列。计算公式为：

“一年内到期的非流动负债”项目“期末余额”栏金额＝将于一年内偿还的“长期借款”明细账账户的期末贷方余额＋将于一年内偿还的“应付债券”明细账账户的期末贷方余额＋将于一年内偿还的“长期应付款”明细账账户的期末贷方余额＋将于一年内偿还的“专项应付款”明细账账户的期末贷方余额

练习 2-10

资料：20×9 年年末，乙企业“长期借款”账户的期末贷方余额为 800 000 元，其中 20×7 年 10 月借入的 3 年期借款 100 000 元，20×9 年 5 月借入的 5 年期借款 700 000 元；“应付债券”账户的期末贷方余额为 1 000 000 元，均为 20×5 年 1 月 1 日发行的 5 年期债券。

要求：计算乙公司编制的 20×9 年资产负债表中“一年内到期的非流动负债”项目“期末余额”栏的金额。

解：“一年内到期的非流动负债”项目“期末余额”栏金额＝将于一年内偿还的“长期借款”明细账账户的期末贷方余额＋将于一年内偿还的“应付债券”明细账账户的期末贷方余额＝100 000＋1 000 000＝1 100 000（元）

（13）“其他流动负债”项目，反映企业除以上流动负债项目以外的其他流动负债。该项目应根据相关总账账户的期末贷方余额填列。若其他流动负债金额较高，应在报表附注中披露其内容和金额。

（14）“流动负债合计”项目，反映企业资产负债表中流动负债金额的合计数。该项目应根据“短期借款”项目、“以公允价值计量且其变动计入当期损益的金融负债”项目、“应付票据”项目、“应付账款”项目、“预收账款”项目、“应付职工薪酬”项目、“应交税费”项目、“应付利息”项目、“应付股利”项目、“其他应付款”项目、“一年内到期的非流动负债”项目和“其他流动负债”项目的金额计算填列。计算公式为：

“流动负债合计”项目“期末余额”栏金额＝“短期借款”项目“期末余额”栏金额＋“以公允价值计量且其变动计入当期损益的金融负债”项目“期末余额”栏金额＋“应付票据”项目“期末余额”栏金额＋“应付账款”项目“期末余额”栏金额＋“预收账款”项目“期末余额”栏金额＋“应付职工薪酬”项目“期末余额”栏金额＋“应交税费”项目“期末余额”栏金额＋“应付利息”项目“期末余额”栏金额＋“应付股利”项目“期末余额”栏金额＋“其他应付款”项目“期末余额”栏金额＋“一年内到期的非流动负债”项目“期末余额”栏金额＋“其他流动负债”项目“期末余额”栏金额

4. 编制非流动负债项目

（1）“长期借款”项目，反映企业向银行或其他金融机构借入的期限在一年以上（不含一年）的各种借款。该项目应根据“长期借款”总账账户的期末贷方余额减去将在一年内偿还的“长期借款”明细账账户的期末贷方余额的净额填列。

（2）“应付债券”项目，反映企业为筹集（长期）资金而发行的债券本金和到期一次还本付息的债券利息。该项目应根据“应付债券”总账账户的期末贷方余额减去将在一年内偿还的“应付债券”明细账账户的期末贷方余额的净额填列。

（3）“长期应付款”项目，反映企业除长期借款、应付债券以外的其他各种长期应付款项，包括应付融资租入固定资产的租赁费、以分期付款方式购入固定资产等发生的长期应付款项等。该项目应根据“长期应付款”总账账户的期末贷方余额减去将在一年内偿还的“长期应付款”明细账账户的期末贷方余额的净额填列。

（4）“专项应付款”项目，反映企业取得的政府作为投资者投入的具有专项或特定用途的款项，如政府拨专款扶持企业搞大型的基础设施建设等。该项目应根据“专项应付款”总账账户的期末贷方余额减去将在一年内偿还的“专项应付款”明细账账户的期末贷方余额的净额填列。

（5）“预计负债”项目，反映企业确认的因对外提供担保、未决诉讼、产品质量保证、重组义务、亏损性合同等原因产生的预计负债。该项目应根据“预计负债”总账账户的期末贷方余额填列。

（6）“递延所得税负债”项目，反映企业因确认应纳税暂时性差异而产生的递延所得税负债。该项目应根据“递延所得税负债”总账账户的期末贷方余额填列。

（7）“其他非流动负债”项目，反映企业除以上非流动负债项目以外的其他非流动负债。该项目应根据相关总账账户的期末贷方余额填列。若其他非流动负债金额较高，应在报表附注中披露其内容和金额。

（8）“非流动负债合计”项目，反映企业资产负债表中非流动负债金额的合计数。该项目应根据“长期借款”项目、“应付债券”项目、“长期应付款”项目、“专项应付款”项目、“预计负债”项目、“递延所得税负债”项目和“其他非流动负债”项目的金额计算填列。计算公式为：

“非流动负债合计”项目“期末余额”栏金额＝“长期借款”项目“期末余额”栏金额＋“应付债券”项目“期末余额”栏金额＋“长期应付款”项目“期末余额”栏金额＋“专项应付款”项目“期末余额”栏金额＋“预计负债”项目“期末余额”栏金额＋“递延所得税负债”项目“期末余额”栏金额＋“其他非流动负债”项目“期末余额”栏金额

（9）“负债合计”项目，反映企业资产负债表中全部负债金额的合计数。该项目应根据“流动负债合计”项目和“非流动负债合计”项目的金额计算填列。计算公式为：

“负债合计”项目“期末余额”栏金额＝“流动负债合计”项目“期末余额”栏金额＋“非流动负债合计”项目“期末余额”栏金额

5. 编制所有者权益项目

（1）“实收资本（或股本）”项目，反映企业接受投资者投入的资本或股份有限责任公司发行的股票面值总额。该项目应根据“实收资本”或“股本”总账账户的期末贷方余额填列。

（2）“资本公积”项目，反映企业收到的投资者出资额超出其注册资本或股本的溢价部分，以及直接计入所有者权益的利得或损失。该项目应根据“资本公积”总账账户的期末贷方余额填列。

（3）“其他综合收益”项目，反映企业根据企业会计准则规定未在当期损益中确认的各项利得和损失，包括以后会计期间不能重分类进损益的其他综合收益和以后会计期间满足规定条件时将重分类进损益的其他综合收益两类。该项目应根据“其他综合收益”科目的期末余额填列。

（4）“盈余公积”项目，反映企业从净利润中提取的盈余公积，包括法定盈余公积和任意盈余公积两部分。根据法律规定，企业应按照净利润的10%提取法定盈余公积，提取的法定盈余公积达到注册资本的50%时可以不再提取。由企业股东大会或类似权力机构同意，还可按照净利润的一定比例提取任意盈余公积。该项目应根据“盈余公积”总账账户的期末贷方余额填列。

（5）“未分配利润”项目，反映企业经过弥补亏损、提取法定盈余公积、提取任意盈余公积和向投资者分配利润等利润分配之后剩余的利润，是企业留待以后年度进行分配的历年结存的利润。该项目应根据“利润分配——未分配利润”明细账账户的期末余额分析填列。若期末余额在借方，应以“－”号填列；若期末余额在贷方，应以“＋”号填列。

（6）“所有者权益合计”或称为“股东权益合计”项目，反映企业资产负债表中所有者权益或称股东权益金额的合计数。该项目应根据“实收资本（股本）”项目、“资本公积”项目、“盈余公积”项目、“未分配利润”项目的金额计算填列。计算公式为：

“所有者权益合计”或称为“股东权益合计”项目“期末余额”栏金额＝“实收资本（或股本）”项目“期末余额”栏金额＋“资本公积”项目“期末余额”栏金额＋“盈余公积”项目“期末余额”栏金额＋“未分配利润”项目“期末余额”栏金额

（7）“负债和所有者权益合计”项目，反映企业资产负债表中全部负债和所有者权益或称股东权益金额的合计数。该项目应根据“负债合计”项目和“所有者（股东）权益合计”项目的金额计算填列。计算公式为：

“负债和所有者权益合计”项目“期末余额”栏金额＝“负债合计”项目“期末余额”栏金额＋“所有者（股东）权益合计”项目“期末余额”栏金额

拓展阅读

资产负债表的局限性

（1）在资产负债表中，看不到人力资本或者智力资本、企业竞争力与创新。

资产负债表是企业最重要的财务报表之一，但是资产负债表也有着它的局限性，即人力资本或者智力资本现在还不能被计算在内，而人力资本在一些服务性的企业当中是最重要的一项资产。

（2）资产负债表上的资产有时并不一定能够确切地反映一个企业的财务实力。

比如：从账面资产看，美国微软公司的资产总额不如通用公司的，但是，我们不能据此判断微软公司的财务实力不如通用公司。所以评估一个企业的时候，财务报表是一定要看的，但是只看财务报表也是远远不够的。

（3）会计界也有自己的无奈，对于以服务业为代表的第三产业心有余而力不足。

会计服务为财务报告使用者提供与决策相关有用的信息，本质上想把人力资本或者智力资本、企业竞争力与创新力等纳入报表考量，却受到自身货币准确计量的限制，更担心不恰当的使用这些信息会造成有关表内数字的虚高。为谨慎起见，只能是不列示为好！

三、编制资产负债表案例分析

（一）根据科目余额表编制资产负债表

ABC 股份有限公司 20×8 年 12 月 31 日的资产负债表（年初余额略）及 20×9 年 12 月 31 日的科目余额表分别见表 2-6 和表 2-7。

表 2-6　资产负债表

会企 01 表

编制单位：ABC 股份有限公司　　20×8 年 12 月 31 日　　单位：元

资产	期末余额	年初余额	负债和所有者权益	期末余额	年初余额
流动资产：			流动负债：		
货币资金	1 406 300		短期借款	300 000	
以公允价值计量且其变动计入当期损益的金融资产	1 500		以公允价值计量且其变动计入当期损益的金融负债	—	
应收票据	246 000		应付票据	200 000	

续表

资产	期末余额	年初余额	负债和所有者权益	期末余额	年初余额
应收账款	299 100		应付账款	953 800	
预付款项	100 000		预收款项	—	
应收利息	—		应付职工薪酬	110 000	
应收股利	—		应交税费	36 600	
其他应收款	5 000		应付利息	1 000	
存货	2 580 000		应付股利	—	
持有待售资产	—		其他应付款	50 000	
一年内到期的非流动资产	13 500		持有待售负债	—	
其他流动资产	100 000		一年内到期的非流动负债	1 000 000	
流动资产合计	4 751 400		其他流动负债	—	
非流动资产：			流动负债合计	2 651 400	
可供出售金融资产	—		非流动负债：		
持有至到期投资	—		长期借款	600 000	
长期应收款	—		应付债券	—	
长期股权投资	250 000		长期应付款	—	
投资性房地产	—		专项应付款		
固定资产	1 100 000		预计负债	—	
在建工程	1 500 000		递延所得税负债	—	
工程物资	—		其他非流动负债	—	
固定资产清理	—		非流动负债合计	600 000	
生产性生物资产	—		负债合计	3 251 400	
油气资产	—		所有者权益（或股东权益）：		
无形资产	600 000		实收资本（或股本）	5 000 000	
开发支出	—		资本公积	—	
商誉	—		减：库存股	—	
长期待摊费用	—		其他综合收益	—	
递延所得税资产	—		盈余公积	100 000	
其他非流动资产	200 000		未分配利润	50 000	
非流动资产合计	3 650 000		所有者权益（或股东权益）合计	5 150 000	
资产总计	8 401 400		负债和所有者权益总计	8 401 400	

表 2-7　科目余额表

20×9 年 12 月 31 日　　　　单位：元

科目名称	借方余额	科目名称	贷方余额
库存现金	2 000	短期借款	50 000
银行存款	786 135	应付票据	100 000
其他货币资金	7 300	应付账款 其中：应付账款——Y 公司 应付账款——X 公司	953 800 500 000 453 800
交易性金融资产		其他应付款	50 000
应收票据	66 000	应付职工薪酬	180 000
应收账款 其中：应收账款——A 公司 应收账款——B 公司	600 000 200 000 400 000	应交税费	226 731
坏账准备	−1 800	应付利息	
预付账款 其中：预付账款——M 公司	100 000 100 000	应付股利	32 215.85
其他应收款	5 000	一年内到期的非流动负债	
材料采购	275 000	长期借款	1 160 000
原材料	45 000	股本	5 000 000
周转材料	38 050	盈余公积	124 770.40
库存商品	2 122 400	利润分配（未分配利润）	190 717.75
材料成本差异	4 250		
其他流动资产	90 000		
长期股权投资	250 000		
固定资产	2 401 000		
累计折旧	−170 000		
固定资产减值准备	−30 000		
工程物资	150 000		
在建工程	578 000		
无形资产	600 000		
累计摊销	−60 000		
递延所得税资产	9 900		
其他非流动资产	200 000		
合计	8 068 235	合计	8 068 235

要求：根据前面所学知识，分成学习小组按照所学方法讨论并完成 ABC 股份有限公司 20×9 年 12 月 31 日的资产负债表编制，填入表 2-8，全部完成后分组汇报成果。

表 2-8　资产负债表

会企 01 表

编制单位：　　　　　　　　　　　　年　　月　　日　　　　　　　　　　　　单位：元

资产	期末余额	年初余额	负债和所有者权益	期末余额	年初余额
流动资产：			流动负债：		
货币资金			短期借款		
以公允价值计量且其变动计入当期损益的金融资产			以公允价值计量且其变动计入当期损益的金融负债		
应收票据			应付票据		
应收账款			应付账款		
预付款项			预收款项		
应收利息			应付职工薪酬		
应收股利			应交税费		
其他应收款			应付利息		
存货			应付股利		
持有待售资产			其他应付款		
一年内到期的非流动资产			持有待售负债		
其他流动资产			一年内到期的非流动负债		
流动资产合计			其他流动负债		
非流动资产：			流动负债合计		
可供出售金融资产			非流动负债：		
持有至到期投资			长期借款		
长期应收款			应付债券		
长期股权投资			长期应付款		
投资性房地产			专项应付款		
固定资产			预计负债		
在建工程			递延所得税负债		
工程物资			其他非流动负债		
固定资产清理			非流动负债合计		
生产性生物资产			负债合计		
油气资产			所有者权益（或股东权益）：		
无形资产			实收资本（或股本）		
开发支出			资本公积		
商誉			减：库存股		
长期待摊费用			其他综合收益		
递延所得税资产			盈余公积		

续表

资产	期末余额	年初余额	负债和所有者权益	期末余额	年初余额
其他非流动资产			未分配利润		
非流动资产合计			所有者权益（或股东权益）合计		
资产总计			负债和所有者权益总计		

（二）根据当期发生经济业务编制会计分录，根据分录金额编制科目余额表，根据科目余额表编制资产负债表

1. 案例资料

ABC股份有限公司为增值税一般纳税人，适用的增值税税率为13%，所得税税率为25%，法定盈余公积金提取比例为10%；原材料采用计划成本进行核算。该公司20×8年资产负债表见表2-9所示，资产类账户如存货、长期股权投资、固定资产、无形资产等都未计提减值准备。

表2-9　资产负债表

会企01表

编制单位：ABC股份有限公司　　20×8年12月31日　　单位：元

资产	期末余额	年初余额（略）	负债和所有者权益	期末余额	年初余额（略）
流动资产：			流动负债：		
货币资金	14 063 000		短期借款	3 000 000	
以公允价值计量且其变动计入当期损益的金融资产	150 000		以公允价值计量且其变动计入当期损益的金融负债	0	
应收票据	2 460 000		应付票据	2 000 000	
应收账款	3 991 000		应付账款	9 548 000	
预付款项	1 000 000		预收款项	60 000	
应收利息	0		应付职工薪酬	1 100 000	
应收股利	0		应交税费	306 000	
其他应收款	3 050 000		应付利息	0	
存货	25 800 000		应付股利	0	
持有待售资产	0		其他应付款	500 000	
一年内到期的非流动资产	0		持有待售负债	0	
其他流动资产	0		一年内到期的非流动负债	10 000 000	
流动资产合计	50 514 000		其他流动负债		
非流动资产：			流动负债合计	26 514 000	
可供出售金融资产	0		非流动负债：		
持有至到期投资	0		长期借款	6 000 000	
长期应收款	0		应付债券	0	

续表

资产	期末余额	年初余额（略）	负债和所有者权益	期末余额	年初余额（略）
长期股权投资	2 500 000		长期应付款	0	
投资性房地产	0		专项应付款	0	
固定资产	8 000 000		预计负债	0	
在建工程	15 000 000		递延所得税负债	0	
工程物资	0		其他非流动负债	0	
固定资产清理	0		非流动负债合计	6 000 000	
生产性生物资产	0		负债合计	32 514 000	
油气资产	0		所有者权益（或股东权益）：		
无形资产	6 000 000		实收资本（或股本）	50 000 000	
开发支出	0		资本公积	0	
商誉	0		减：库存股	0	
长期待摊费用	2 000 000		其他综合收益	0	
递延所得税资产	0		盈余公积	1 000 000	
其他非流动资产	0		未分配利润	500 000	
非流动资产合计	33 500 000		所有者权益（或股东权益）合计	51 500 000	
资产总计	84 014 000		负债和所有者权益总计	84 014 000	

ABC 股份有限公司 20×9 年，共发生如下经济业务：

①收到银行通知，用银行存款支付到期的商业承兑汇票 1 000 000 元。

②购入原材料一批，收到的增值税专用发票上注明的原材料价款为 1 500 000 元，增值税进项税额为 195 000 元，款项已通过银行转账支付，材料尚未验收入库。

③收到原材料一批，实际成本 1 000 000 元，计划成本 950 000 元，材料已验收入库，货款已于上月支付。

④用银行汇票支付采购材料价款，公司收到开户银行转来银行汇票多余款收账通知，通知上填写的多余款为 2 260 元，购入材料 998 000 元，支付的增值税进项税额 129 740 元，原材料已验收入库，该批原材料计划价格 1 000 000 元。

⑤销售给 A 公司产品一批，开出的增值税专用发票上注明的销售价款为 3 000 000 元，增值税销项税额为 390 000 元，货款尚未收到。该批产品实际成本 1 800 000 元，产品已发出。

⑥公司将交易性金融资产（股票投资）兑现 165 000 元，该投资的成本为 130 000 元，公允价值变动为增值 20 000 元，投资收益为 15 000 元，均存入银行。

⑦购入不需安装的设备一台，收到的增值税专用发票上注明的设备价款为 854 700 元，增值税进项税额为 112 411 元，支付包装费、运费 10 000 元。价款及包装费、运费均以银行存款支付，设备已交付使用。

⑧购入工程物资一批用于不动产类自营工程，收到的增值税专用发票上注明的物资价款和增值

税进项税额合计为 1 500 000 元，款项已通过银行转账支付。

⑨工程应付薪酬 2 280 000 元。

⑩一项工程完工，交付生产使用，已办理竣工手续，固定资产价值 14 000 000 元。

⑪基本生产车间一台机床报废，原价 2 000 000 元，已提折旧 1 800 000 元，清理费用 5 000 元，残值收入 8 000 元，均通过银行存款收支。该项固定资产已清理完毕。

⑫从工商银行借入 3 年期借款 10 000 000 元，借款已存入银行账户。

⑬销售产品一批，开出的增值税专用发票上注明的销售价款为 7 000 000 元，增值税销项税额为 910 000 元，款项已存入银行。销售产品的实际成本为 4 200 000 元。

⑭公司将要到期的一张面值为 2 000 000 元的无息银行承兑汇票（不含增值税），连同解讫通知和进账单交银行办理转账。收到银行盖章退回的进账单一联。款项银行已收妥。

⑮公司出售一台不需用设备，收到价款 3 000 000 元，该设备原价 4 000 000 元，已提折旧 1 500 000 元。该项设备已由购入单位运走。

⑯取得交易性金融资产（股票投资），价款 1 030 000 元，交易费用 20 000 元，已用银行存款支付。

⑰支付工资 5 000 000 元，其中包括支付在建工程人员的工资 2 000 000 元。

⑱分配应支付的职工工资 3 000 000 元（不包括在建工程应负担的工资），其中生产人员薪酬 2 750 000 元，车间管理人员薪酬 100 000 元，行政管理部门人员薪酬 150 000 元。

⑲提取职工福利费 420 000 元（不包括在建工程应负担的福利费 280 000 元），其中生产工人福利费 385 000 元，车间管理人员福利费 14 000 元，行政管理部门福利费 21 000 元。

⑳基本生产领用原材料，计划成本为 7 000 000 元，领用供整个车间使用的周转材料（工具用具），计划成本 500 000 元，采用一次摊销法摊销。

㉑结转领用原材料及周转材料应分摊的材料成本差异。材料成本差异率为 5%。

㉒计提无形资产摊销 600 000 元；以银行存款支付基本生产车间固定资产修理费 900 000 元。

㉓计提固定资产折旧 1 000 000 元，其中计入制造费用 800 000 元，管理费用 200 000 元，计提固定资产减值准备 300 000 元。

㉔收到 A 公司应收账款 510 000 元，存入银行。计提应收账款坏账准备 9 000 元。

㉕用银行存款支付产品展览费 100 000 元。

㉖计算并结转本期制造费用；计算并结转本期完工产品成本 10 824 000 元。期初没有在产品。

㉗广告费 100 000 元，已用银行存款支付。

㉘公司采用商业承兑汇票结算方式销售产品一批，开出的增值税专用发票上注明的销售价款为 2 500 000 元，增值税销项税额为 325 000 元，收到 2 825 000 元的商业承兑汇票一张，产品实际成本为 1 500 000 元。

㉙公司将上述承兑汇票到银行办理贴现，贴现息为 200 000 元。

㉚公司本期产品销售应交纳的教育费附加为 20 000 元。

㉛用银行存款交纳增值税 1 000 000 元；教育费附加 20 000 元。

㉜本期在建工程应负担的长期借款利息费用 2 000 000 元，长期借款为分期付息。

㉝提取应计入本期损益的长期借款利息费用 100 000 元，长期借款为分期付息。

㉞归还短期借款本金 2 500 000 元。

㉟支付长期借款利息 2 100 000 元。

㊱偿还长期借款 10 000 000 元。

㊲上年度销售产品一批，开出的增值税专用发票上注明的销售价款为 100 000 元，增值税销项税额为 13 000 元，购货方开出商业承兑汇票。本期由于购货方发生财务困难，无法按合同规定偿还债务，经双方协议，ABC 股份有限公司同意购货方用产品抵偿该应收票据。用于抵债的产品市价为 80 000 元，增值税税率为 13%。

㊳持有的交易性金融资产的公允价值为 1 050 000 元。

㊴结转本期产品销售成本 7 500 000 元。

㊵假设本例中，除计提固定资产减值准备 300 000 元造成固定资产账面价值与其计税基础存在差异外，不考虑其他项目的所得税费用影响。企业按照税法规定计算确定的应交所得税为 636 750 元，递延所得税资产为 75 000 元。

㊶用银行存款交纳当年应交所得税。

㊷将各收支科目结转本年净利润。

㊸结转本年利润；法定盈余公积提取比例为 10%。

㊹将利润分配各明细科目的余额转入“未分配利润”明细科目。

要求：编制 ABC 股份有限公司 20×9 年度经济业务的会计分录，并在此基础上编制资产负债表、利润表和现金流量表。

2. 编制分录

①借：应付票据	1 000 000	
贷：银行存款		1 000 000
②借：材料采购	1 500 000	
应交税费——应交增值税（进项税额）	195 000	
贷：银行存款		1 695 000
③借：原材料	950 000	
材料成本差异	50 000	
贷：材料采购		1 000 000
④借：材料采购	998 000	
应交税费——应交增值税（进项税额）	129 740	
银行存款	2 260	
贷：其他货币资金		1 130 000
借：原材料	1 000 000	
贷：材料采购		998 000
材料成本差异		2 000
⑤借：应收账款——A 公司	3 390 000	
贷：主营业务收入		3 000 000
应交税费——应交增值税（销项税额）		390 000

⑥借：银行存款	165 000	
贷：交易性金融资产——成本		130 000
——公允价值变动		20 000
投资收益		15 000
借：公允价值变动损益	20 000	
贷：投资收益		20 000
⑦借：固定资产	864 700	
应交税费——应交增值税（进项税额）	112 411	
贷：银行存款		977 111
⑧借：工程物资	1 327 433.63	
应交税费——应交增值税（进项税额）	172 566.37	
贷：银行存款		1 500 000
⑨借：在建工程	2 280 000	
贷：应付职工薪酬		2 280 000
⑩借：固定资产	14 000 000	
贷：在建工程		14 000 000
⑪借：固定资产清理	200 000	
累计折旧	1 800 000	
贷：固定资产		2 000 000
借：固定资产清理	5 000	
贷：银行存款		5 000
借：银行存款	8 000	
贷：固定资产清理		8 000
借：资产处置损益	197 000	
贷：固定资产清理		197 000
⑫借：银行存款	10 000 000	
贷：长期借款——工商银行		10 000 000
⑬借：银行存款	7 910 000	
贷：主营业务收入		7 000 000
应交税费——应交增值税（销项税额）		910 000
⑭借：银行存款	2 000 000	
贷：应收票据		2 000 000
⑮借：固定资产清理	2 500 000	
累计折旧	1 500 000	
贷：固定资产		4 000 000
借：银行存款	3 000 000	
贷：固定资产清理		3 000 000

借：固定资产清理	500 000	
贷：资产处置损益		500 000
⑯借：交易性金融资产——成本	1 030 000	
投资收益	20 000	
贷：银行存款		1 050 000
⑰借：应付职工薪酬	5 000 000	
贷：银行存款		5 000 000
⑱借：生产成本	2 750 000	
制造费用	100 000	
管理费用——管理人员职工薪酬	150 000	
贷：应付职工薪酬		3 000 000
⑲借：生产成本	385 000	
制造费用	14 000	
管理费用——管理人员职工薪酬	21 000	
贷：应付职工薪酬		420 000
⑳借：生产成本	7 000 000	
贷：原材料		7 000 000
借：制造费用	500 000	
贷：周转材料		500 000
㉑借：生产成本	350 000	
制造费用	25 000	
贷：材料成本差异		375 000
㉒借：管理费用——无形资产摊销	600 000	
贷：累计摊销		600 000
借：管理费用——固定资产修理费	900 000	
贷：银行存款		900 000
㉓借：制造费用——折旧费	800 000	
管理费用——折旧费	200 000	
贷：累计折旧		1 000 000
借：资产减值损失——固定资产减值	300 000	
贷：固定资产减值准备		300 000
㉔借：银行存款	510 000	
贷：应收账款——A 公司		510 000
借：信用减值损失——坏账准备	9 000	
贷：坏账准备		9 000
㉕借：销售费用——展览费	100 000	
贷：银行存款		100 000

㉖借：生产成本	1 439 000	
贷：制造费用		1 439 000
借：库存商品	10 824 000	
贷：生产成本		10 824 000
㉗借：销售费用——广告费	100 000	
贷：银行存款		100 000
㉘借：应收票据	2 825 000	
贷：主营业务收入		2 500 000
应交税费——应交增值税（销项税额）		325 000
㉙借：财务费用	200 000	
银行存款	2 625 000	
贷：应收票据		2 825 000
㉚借：税金及附加	20 000	
贷：应交税费——应交教育费附加		20 000
㉛借：应交税费——应交增值税（已交税金）	1 000 000	
——应交教育费附加	20 000	
贷：银行存款		1 020 000
㉜借：在建工程	2 000 000	
贷：应付利息		2 000 000
㉝借：财务费用	100 000	
贷：应付利息		100 000
㉞借：短期借款	2 500 000	
贷：银行存款		2 500 000
㉟借：应付利息	2 100 000	
贷：银行存款		2 100 000
㊱借：长期借款	10 000 000	
贷：银行存款		10 000 000
㊲借：库存商品	80 000	
应交税费——应交增值税（进项税额）	10 400	
营业外支出——债务重组损失	22 600	
贷：应收票据		113 000
㊳借：交易性金融资产——公允价值变动	20 000	
贷：公允价值变动损益		20 000
㊴借：主营业务成本	7 500 000	
贷：库存商品		7 500 000
㊵借：所得税费用——当期所得税费用	636 750	
贷：应交税费——应交所得税		636 750
借：递延所得税资产	75 000	

贷：所得税费用——递延所得税费用 75 000

㊶借：应交税费——应交所得税 636 750

贷：银行存款 636 750

㊷借：主营业务收入 12 500 000

投资收益 15 000

资产处置损益 303 000

贷：主营业务成本 7 500 000

税金及附加 20 000

销售费用——广告费 100 000

销售费用——展览费 100 000

管理费用——管理人员职工薪酬 171 000

管理费用——固定资产修理费 900 000

管理费用——折旧费 200 000

管理费用——无形资产摊销费 600 000

财务费用 300 000

资产减值损失——固定资产减值 300 000

信用减值损失——坏账准备 9 000

营业外支出——债务重组损失 22 600

所得税费用 561 750

本年利润 2 033 650

㊸借：本年利润 2 033 650

贷：利润分配——未分配利润 2 033 650

借：利润分配——提取法定盈余公积 203 365

贷：盈余公积——法定盈余公积 203 365

㊹借：利润分配——未分配利润 203 365

贷：利润分配——提取法定盈余公积 203 365

3. 编制账户明细余额表

根据会计分录登记有关“丁”字账户，根据“丁”字账户编制如下明细余额表（见表 2-10）。

表 2-10 20×9 年 12 月 31 日有关账户明细余额表

单位：元

科目名称	期初余额		本期发生额		期末余额	
	借方	贷方	借方	贷方	借方	贷方
库存现金	10 000				10 000	
银行存款	12 883 000		26 220 260	28 583 861	10 519 399	
其他货币资金	1 170 000			1 130 000	40 000	
交易性金融资产——成本	150 000		1 030 000	130 000	1 050 000	

续表

科目名称	期初余额		本期发生额		期末余额	
	借方	贷方	借方	贷方	借方	贷方
交易性金融资产——公允价值变动			20 000	20 000		
应收票据	2 460 000		2 825 000	4 938 000	347 000	
应收账款	3 991 000		3 390 000	510 000	6 871 000	
预付账款	1 000 000				1 000 000	
坏账准备				9 000		9 000
其他应收款	3 050 000				3 050 000	
材料采购	1 000 000		2 498 000	1 998 000	1 500 000	
原材料	6 800 000		1 950 000	7 000 000	1 750 000	
材料成本差异	439 500		50 000	377 000	112 500	
库存商品	16 560 500		10 904 000	7 500 000	19 964 500	
周转材料	1 000 000			500 000	500 000	
递延所得税资产			75 000		75 000	
长期股权投资	2 500 000				2 500 000	
固定资产	13 000 000		14 864 700	6 000 000	21 864 700	
累计折旧		5 000 000	3 300 000	1 000 000		2 700 000
固定资产减值准备				300 000		300 000
在建工程	15 000 000		4 280 000	14 000 000	5 280 000	
工程物资			1 327 433.63		1 327 433.63	
固定资产清理			3 205 000	3 205 000		
无形资产	6 000 000				6 000 000	
累计摊销				600 000		600 000
长期待摊费用	2 000 000				2 000 000	
（资产）小计：	89 014 000	5 000 000	75 939 393.63	77 800 861	85 761 532.63	3 609 000
短期借款		3 000 000	2 500 000			500 000
应付票据		2 000 000	1 000 000			1 000 000
应付账款		9 548 000				9 548 000
预收账款		60 000				60 000
应付职工薪酬		1 100 000	5 000 000	5 700 000		1 800 000
应交税费		306 000	2 276 867.37	2 281 750		310 882.63
应付利息			2 100 000	2 100 000		
其他应付款		10 500 000				10 500 000
长期借款		6 000 000	10 000 000	10 000 000		6 000 000
（负债）小计：		32 514 000	22 876 867.37	20 081 750		29 718 882.63

续表

科目名称	期初余额		本期发生额		期末余额	
	借方	贷方	借方	贷方	借方	贷方
实收资本		50 000 000				50 000 000
盈余公积		1 000 000		203 365		1 203 365
本年利润			2 033 650	2 033 650		
利润分配		500 000	406 730	2 237 015		2 330 285
（权益）小计：		51 500 000	2 440 380	4 474 030		53 533 650
生产成本			11 924 000	10 824 000	1 100 000	
制造费用			639 000	1 439 000		800 000
制造费用——折旧费			800 000		800 000	
（成本）小计：			13 363 000	12 263 000	1 900 000	800 000
主营业务收入			12 500 000	12 500 000		
公允价值变动损益			20 000	20 000		
投资收益			35 000	35 000		
资产处置损益			500 000	500 000		
主营业务成本			7 500 000	7 500 000		
税金及附加			20 000	20 000		
销售费用			200 000	200 000		
管理费用			1 871 000	1 871 000		
财务费用			300 000	300 000		
资产减值损失			300 000	300 000		
信用减值损失			9 000	9 000		
营业外支出			22 600	22 600		
所得税费用			636 750	636 750		
（损益）小计：			23 914 350	23 914 350		
	89 014 000	89 014 000	138 533 991	138 533 991	87 661 532.63	87 661 532.63

4. 编制资产负债表

根据明细余额表编制资产负债表（见表 2-11）。

表 2-11 资产负债表

会企 01 表

编制单位：ABC 股份有限公司　　20×9 年 12 月 31 日　　单位：元

资产	期末余额	年初余额	负债和所有者权益	期末余额	年初余额
流动资产：			流动负债：		
货币资金	10 569 399	14 063 000	短期借款	500 000	3 000 000

续表

资产	期末余额	年初余额	负债和所有者权益	期末余额	年初余额
以公允价值计量且其变动计入当期损益的金融资产	1 050 000	150 000	以公允价值计量且其变动计入当期损益的金融负债	0	
应收票据	347 000	2 460 000	应付票据	1 000 000	2 000 000
应收账款	6 862 000	3 991 000	应付账款	9 548 000	9 548 000
预付款项	1 000 000	1 000 000	预收款项	60 000	60 000
应收利息	0		应付职工薪酬	1 800 000	1 100 000
应收股利	0		应交税费	310 882.63	306 000
其他应收款	3 050 000	3 050 000	应付利息	0	
存货	24 927 000	25 800 000	应付股利	0	
持有待售资产	0		其他应付款	10 500 000	10 500 000
一年内到期的非流动资产	0		持有待售负债	0	
其他流动资产	0		一年内到期的非流动负债		
流动资产合计	47 805 399	50 514 000	其他流动负债		
非流动资产：			流动负债合计	23 718 882.63	26 514 000
可供出售金融资产	0		非流动负债：		
持有至到期投资	0		长期借款	6 000 000	6 000 000
长期应收款	0		应付债券	0	
长期股权投资	2 500 000	2 500 000	长期应付款	0	
投资性房地产	0		专项应付款	0	
固定资产	18 864 700	8 000 000	预计负债	0	
在建工程	5 280 000	15 000 000	递延所得税负债	0	
工程物资	1 327 433.63		其他非流动负债	0	
固定资产清理	0		非流动负债合计	6 000 000	6 000 000
生产性生物资产	0		负债合计	29 718 882.63	32 514 000
油气资产	0		所有者权益（或股东权益）：		
无形资产	5 400 000	6 000 000	实收资本（或股本）	50 000 000	50 000 000
开发支出	0		资本公积	0	
商誉	0		减：库存股	0	
长期待摊费用	2 000 000	2 000 000	其他综合收益	0	
递延所得税资产	75 000		盈余公积	1 203 365	1 000 000
其他非流动资产	0		未分配利润	2 330 285	500 000
非流动资产合计	35 447 133.63	33 500 000	所有者权益（或股东权益）合计	53 533 650	51 500 000
资产总计	83 252 532.63	84 014 000	负债和所有者权益总计	83 252 532.63	84 014 000

四、阅读资产负债表

对于报表使用者来说，正确地阅读并理解资产负债表，首先要了解资产负债表各主要项目的含义，然后才能对资产负债表进行正确的分析，并从中找出对自己有用的财务信息。

（一）重要资产类项目的阅读

1. 货币资金

企业持有货币资金的目的主要是经营的需要、预防的需要和投机的需要。货币资金是变现能力最强的非盈利性资产，因此持有过多货币资金，会降低企业的获利能力；持有过少的货币资金，不但不能满足上述需要还会降低企业的短期偿债能力。因此对货币资金的分析集中在其流动性和收益性的关系上。

“货币资金”项目由库存现金、银行存款、其他货币资金三部分构成，我们在阅读资产负债表时，其正表只提供了三者的和，而欲知库存现金、银行存款、其他货币资金具体的数额，必须通过阅读资产负债表的附注。同时，在阅读时，注意报表中为我们提供了比较资料，对于一张年度资产负债表而言，提供了年初（即上年年末）和年末（本报告年度的年末）资料，通过比较年初与年末资料，可以知道报告年度报告企业的货币资金是增加了，还是减少了。若是增加了，对于债权人来说可能是好消息，因为他的债权收回有保障；对于投资者来说，可能会认为经营者目前是否未找到合适的投资项目，否则为何保有如此充足的现金流呢？但这些判断也只能是表面的、肤浅的，因为我们在对货币资金进行分析时，还要结合企业所在行业的特点和业务规模。不同行业，其合理的货币资金比重会有较大的差异；同时企业规模越大，业务收支越频繁，持有的货币资金就越多。因此，需要借助相应的分析方法，进行深入细致的分析，才可以最终下结论。

练习 2-11

甲公司资产负债表中货币资金的阅读，货币资金的规模和结构变动情况如表 2-12 所示。

表 2-12　货币资金的规模和结构变动情况表

项目	规模（万元）				结构（占流动资产）（%）		
	20×9 年	20×8 年	增减额	增减幅度（%）	20×9 年	20×8 年	结构变动
货币资金	31 001 508	5 859 128	25 142 380	429	29.64	9.74	19.9
流动资产	104 589 768	60 169 600	44 420 168	73.82	100	100	—

从表 2-12 中可以看出，该公司 20×9 年度货币资金比 20×8 年大幅增长，且占流动资产的比重有很大增长，这虽然表明公司具有很强的流动性，但也可能是资金利用率低。由于该公司货币资金的变化较大，应引起管理层的重点关注，分析具体原因。当然，对货币资金增长的具体原因，还要通过对“现金流量表”进行分析才能进一步认清。

2. 交易性金融资产

交易性金融资产主要是指企业为了近期内出售而持有的金融资产，如企业从二级市场上购入的股票、债券和基金等，该项目反映了企业持有的交易性金融资产的期末余额。企业持有交易性金融资产的目的主要是暂时存放闲置资金，以替代较大量的非盈利的现金余额，并从中获取一定的证券投资收益。

通过阅读该项目可以知晓报告企业的流动资金的投向，能够部分反映该企业的短期变现能力，进而可以分析企业短期偿债能力。当然，我们也要通过对比年初与年末的数据变动，进而作出准确的分析和判断。

3. 应收款项

“应收账款”项目反映了企业尚未收回的应收账款净额。该项目是根据“应收账款”和“预收账款”所属的明细科目的借方余额合计数减去“坏账准备”账户贷方余额后的净额填列的。

企业产生应收账款的原因一般有：销售的增加会自然引起应收账款的增加；顾客有意拖延付款造成应收账款的增加；企业采用了赊销的销售政策造成应收账款的增加；企业采用了宽松的信用政策，造成应收账款的增加。其中：第一个原因造成的应收账款是正常的，通常企业会很快收到款项；第二个原因造成的应收账款要通过加强收账以及对客户的信用管理来予以减少；第三、第四个原因则体现了企业主动的营销策略。

企业应收账款的增加可以扩大销售，减少存货的资金占用，但是企业也要付出代价，包括由于资金占用在应收账款上而丧失的再投资收益（机会成本）、管理成本和坏账损失。因此，对企业应收账款的分析应从以下几个方面进行。

（1）分析应收账款的规模。应收账款规模的大小与企业所在行业的特点、经营方式、企业采用的信用政策和产品的市场情况有密切关系。因此，应结合这些因素判断企业应收账款的规模是否恰当。

（2）分析应收账款的流动性。可以通过计算各种反映应收账款流动性的考核指标来衡量，如应收账款的周转率、周转天数和营业周期等。

（3）分析应收账款的变动趋势。可运用趋势分析法、结构分析法分析应收账款的变动情况以及在同行业中的水平。

（4）了解应收账款账龄结构。从报表附注中有关应收账款账龄的披露中了解应收账款的账龄，从而准确判断企业信用政策的变化和对应收账款催收的情况。

总之，对应收账款的分析要分清其产生的原因和影响因素，才能准确了解企业的经营思路以及对应收账款的管理水平，并对其未来的经营趋势作出准确的判断。

练习 2-12

甲公司资产负债表中应收账款的阅读，应收款项的规模和结构变动情况如表 2-13 所示。

表 2-13　应收款项的规模和结构变动情况表

项目	规模（万元）				结构（占流动资产）（%）		
	20×9 年	20×8 年	增减额	增减幅度（%）	20×9 年	20×8 年	结构变动
应收票据	870 072	0	870 072		0.83		0.83
应收账款	30 563 647	22 171 670	8 391 977	37.85	29.22	36.85	−7.63
流动资产	104 589 768	60 169 600	44 420 168	73.82	100	100	—

从表 2-13 可看出以下几点。

（1）该公司应收票据 20×9 年比 20×8 年增加了 870 072 元；在结构上，应收票据占流动资产的比重也有上升，表明企业销售开始采用商业汇票结算方式。

（2）该公司应收账款 20×9 年比 20×8 年有所增加，但应收账款占资产总额的比重也呈下降趋势，但占流动资产的比重仍然很大。应收账款略有上升与商业汇票的增加有一定的关联性，表明企业的信用政策是积极、稳妥的。

如果需要进一步了解该公司应收账款的流动性，应计算两年的应收账款周转率指标并进行对比，同时查阅报表附注中应收账款账龄结构披露表、客户类别披露表和资产减值准备披露表，从而确定应收账款规模是否合理、企业的信用管理是否得当以及对短期偿债能力是否带来不利影响。

4. 存货

资产负债表中的“存货”项目，反映了企业期末库存、在途和正在加工中的各项存货的实际成本。该项目是根据“原材料”“库存商品”“发出商品”“周转材料”“生产成本”“材料采购”等科目的期末余额减去“存货跌价准备”科目的期末余额后的净额填列的。

企业存货的增加，将占用企业大量的资金，并使企业付出更大的机会成本，而且企业对存货的储存费用和管理成本也会增加，这将影响企业的获利能力。企业存货的多少与企业存货的控制方法和生产系统管理的水平有很密切的关系。因此，对企业存货的分析应从以下几个方面进行。

（1）存货的计价方法。会计准则规定存货的计价方法有先进先出法、加权平均法和个别计价法。不同的计价方法，将对期末存货价格的确认有较大的影响。因此，对存货进行分析时，要首先了解该企业存货的计价模式。

（2）分析存货的流动性。可以通过计算各种反映存货流动性的考核指标来衡量，如存货的周转率、周转天数和营业周期等，从而判断存货的潜在收益性和对短期债务的偿还能力。

（3）分析存货的变动趋势。可运用趋势分析法、结构分析法分析存货的变动情况以及在同行业中的水平，从而了解企业存货管理的变化。

（4）分析存货的结构和金额。通过详细阅读报表附注，了解存货的构成和所占用资金的比重，从而明确造成存货增加或减少的构成项目。

（5）分析存货的质量。通过详细阅读报表附注，对于高科技公司，由于其产品更新的速度很快，因此要特别关注存货的跌价情况，只要其有新产品推出，就要考虑旧规格产品的跌价情况，从而正确确定企业存货的质量。

练习 2-13

甲公司资产负债表中存货的阅读，存货的规模和结构变动情况如表 2-14 所示。

表 2-14　存货的规模和结构变动情况表

项目	规模（万元）				结构（占流动资产）（%）		
	20×9 年	20×8 年	增减额	增减幅度（%）	20×9 年	20×8 年	结构变动
存货	33 343 224	21 311 019	12 032 205	56.46	31.88	35.42	−3.54
流动资产	104 589 768	60 169 600	44 420 168	73.82	100	100	—

从表 2-14 可见，该公司存货占流动资产的比重变化不大，但从规模上看，20×9 年比 20×8 年大

幅提升，说明企业加大了经营性资产项目的投入，这种上升是否合理，还要查阅报表附注，了解各类存货占存货总资产的比重，从而进一步明确存货增长的原因，进而判断这种增长是否合理。同时为了判断该公司存货的质量，还应查阅存货跌价准备的披露表。通过上述资料，在各类存货中以库存商品所占比重最大且存在少量的存货跌价准备，因此存货这个问题是值得我们重视，并要找到解决方法的，如扩大销售，加快周转。

5. 可供出售金融资产

"可供出售金融资产"项目反映的是企业对外金融资产投资中划分为可供出售金融资产的部分，它是介于持有至到期投资和交易性金融资产之间的债券投资，或是不准备长期持有但又不是意欲近期出售的股票或基金等有公允报价的有价证券投资，即未划分为交易性金融资产，它是企业的对外长期性投资资金，能够提升企业长期偿债能力。

6. 长期投资

长期投资包括"持有至到期投资"和"长期股权投资"两个项目。"持有至到期投资"反映了企业持有的到期日固定、回收金额固定或可确定，且企业有明确意图和能力持有至到期的非衍生金融资产。如：购入一年期以上的公司债券并持有到期。"长期股权投资"反映了企业持有的对其子公司、合营企业及联营企业的权益性投资，以及企业持有的对被投资单位不具有控制、共同控制或重大影响，且在活跃市场中没有报价、公允价值不能可靠计量的权益性投资。这两个项目分别用"持有至到期投资"和"长期股权投资"两个科目的期末余额减去"持有至到期投资减值准备"和"长期股权投资减值准备"后的余额填列。

长期投资对企业的作用和影响表现在以下几点。

(1) 通过对外长期投资实施企业发展战略。企业通过对竞争对手实施兼并，可以扩大市场占有率；通过对上下游企业的控制或兼并，可以获得稳定的原料供应或产品销售渠道，因此，利用长期投资来实施战略发展，快速扩大企业的规模。

(2) 通过对外长期投资实现多元化经营。多元化经营可以有效降低企业的经营风险，稳定企业的盈利能力，但也对企业的经营管理能力提出了很高的要求，因为多元化经营可能会使企业陷入极大的风险中。

(3) 复杂的对外长期投资可能为某些盈余操纵行为提供空间。对被投资单位具有控制、共同控制或重大影响的长期股权投资，可以形成关联方关系，其间的许多交易有背离公允性的可能。如上市公司可以将产品以高于市场的价格售于关联企业，从而提高当期收益。

鉴于企业长期投资对企业经营结果、财务状况影响的复杂性，进行分析时，既要注意投资规模的变化，又要结合其他报表，如利润表、现金流量表判断投资质量的高低，从而分析企业经营策略是否需调整，是否存在过度投资，是否投资质量过低，是否存在影响企业主营业务发展或人为操纵利润的情况，是否侵犯了债权人的利益。

7. 固定资产

固定资产包括"固定资产"项目及相关的"工程物资"项目、"在建工程"项目。通过对该项目及相关的"工程物资"项目、"在建工程"项目连续几年数字的观察和对比，可以得出该企业固定资产的规模、新旧程度以及企业固定资产更新改造的情况，从而判断企业固定资产未来的盈利潜力。

固定资产项目核算的是企业拥有的厂房、机器、设备等可供企业长期使用的实物资产，根据“固定资产”账户的余额与“累计折旧”账户的余额和“固定资产跌价准备”账户余额的差额填列的。固定资产项目的增加或减少的变动是否合理，需根据企业的实际情况，结合未来的发展趋势作出合理的分析与判断。增加可能是企业欲扩大经营规模，减少可能是欲减小规模或缩减经营或可能转产或是其他情况。小幅变动亦属正常情况，切不能妄加评论。

在建工程项目核算的是企业基建、更新改造等在建工程发生的支出，该项目反映的是企业各项基础设施建设的资金的现实价值。此项目变动大小不能以金额来衡量，因为每一项基础设施的建设涉及的资金都不是小数目。只要合理规划，变动大小或多少都不是关键。根据“在建工程”账户的余额与“在建工程减值准备”账户的余额的差额填列。

“工程物资”项目核算的是企业为在建工程准备的各种物资的成本，应结合在建工程项目阅读和分析。

练习 2-14

甲公司资产负债表中固定资产的阅读，固定资产的规模和结构变动情况如表 2-15 所示。

表 2-15　固定资产的规模和结构变动情况表

项目	规模（万元）				结构（占资产总额）（%）		
	20×9 年	20×8 年	增减额	幅度（%）	20×9 年	20×8 年	结构变动
固定资产	37 695 030	22 467 853	15 227 177	67.77	23.43	26.14	−2.71
在建工程	1 310 552	629 774	680 778	108.10	0.81	0.73	0.08
资产总额	160 895 115	85 937 123	74 957 992	87.22	100	100	—

从表 2-15 可看出以下几点。

固定资产和在建工程规模呈现较大的增长趋势，占总资产的比重没有太大变化。

该公司采取了不断扩大资产规模、提升资产盈利潜力的发展策略，且公司固定资产的增加主要是依靠自己的建设，并在很短的时间里完成了大量工程，迅速形成了新的生产能力。

8. 总资产

总资产主要包括流动资产、长期投资、固定资产、无形资产及其他。资产越多，表明企业可以用于赚取收益的资源越多，可以用于偿还债务的财产越多，但这并不意味着资产越多就一定越好，资产不代表收益能力，有些企业资产规模很大，一样会出现亏损；有些企业资产规模很小，照样盈利多多。一个企业的资产能否带来经济利益，是资产的质量、结构、规模和发展战略等因素共同作用的结果。因此对企业总资产的分析应从其规模、结构和质量等因素入手，并要深入洞悉企业的发展战略，才能得出恰当的分析结果。

练习 2-15

甲公司资产负债表中总资产的阅读，总资产的规模和结构变动情况如表 2-16 所示。

表 2-16　总资产的规模和结构变动情况表

项目	规模（万元）				结构（占资产总额）（%）		
	20×9 年	20×8 年	增减额	增减幅度（%）	20×9 年	20×8 年	结构变动
流动资产	104 589 768	60 169 600	4 4420 168	73.82	65	70.02	−5.02
非流动资产	56 305 347	25 767 523	30 537 824	118.51	35	29.98	5.02
资产总额	160 895 115	85 937 123	74 957 992	87.22	100.00	100.00	—

从表 2-16 可看出以下两点。

（1）流动资产较去年增加了 73.82%，虽比重有所下降，但在资产总额中还是占了很大比重，具体再看，主要是存货和应收账款增加引起的，说明企业的经营成果带来的资产增加。

（2）非流动资产较去年增长了 118.51%，在总资产中的比重也增加了 5.02 个百分点，具体来看，主要是固定资产的增加，说明该公司采取了不断扩大资产规模、提升资产盈利潜力的发展策略，未来的收益性会有所提高，但固定资产的增加过多会加大企业的经营风险。

（二）重要负债类项目的阅读与分析

1. 短期借款

资产负债表中“短期借款”项目核算的是企业向银行或其他金融机构等借入的期限在一年以下（含一年）的各种借款，此项目反映企业需要近期偿还金融机构的负债，也是需要付出利息代价的负债。对于投资者来说，阅读这一项目可以知晓报告企业近期偿还债务的压力，为金融企业发放贷款提供了必要的信息。

2. 交易性金融负债

“交易性金融负债”项目核算企业承担的交易性金融负债的公允价值，企业持有的直接指定为以公允价值计量且其变动计入当期损益的金融负债也在此项目核算。如企业发行的准备近期收回或回购的短期债券等，它也是企业的一种金融负债，一般需要支付利息，但与短期借款的区别是其计价是公允价值，短期借款是按面值计价。

3. 应付票据

“应付票据”项目反映的是企业购买材料、商品和接受劳务供应等开出、承兑的商业汇票，包括商业承兑汇票和银行承兑汇票，一般不带息，此项目反映的是商业汇票的面值，若为带息票据，利息通过应付利息项目反映。因为商业汇票最长期限为六个月，逾期转入应付账款项目，所以这一项目在阅读时，应同时关注应付账款项目的变化，如果是由于应付票据结转至应付账款，则不能说明偿还了这项短期负债。

4. 应付账款

“应付账款”项目核算企业因购买材料、商品和接受劳务供应等经营活动应支付的价、税等款项。为企业的不带息流动负债，是一种信用负债，过多可能导致短期偿债风险，也可能影响企业的信誉，阅读时关注其变动不宜过大，多少应依企业的采购规模等具体情况决定。

5. 预收款项

“预收款项”项目核算的是企业按照合同预收的购货款等款项，一般是在销售过程中因企业经营的商品或物资短缺、畅销等而预先收取购货款，后发货的销售行为。因此，其偿还需通过提供商品、货物或劳务来实现，此项目不宜过多，过多可能是企业商品供应不到位等，长期发展，可能会影响企业的信誉。但仍需具体问题具体分析，阅读时比较多期数据和相关资料。

6. 应付职工薪酬

“应付职工薪酬”项目核算的是企业根据有关规定应付给职工的各种薪酬，包括工资、职工福利、社会保险费、住房公积金、工会经费、职工教育经费、非货币性福利、辞退福利、股份支付等内容。企业的经营活动中日常负债，一般各月变动不大，阅读时将年末与年初进行比较，若发生较大变动，应考虑是否企业有拖欠工资的情况，或是否有裁员。

7. 应交税费

“应交税费”项目核算企业按照税法等规定计算应交纳的各种税费，包括增值税、消费税、所得税、资源税、土地增值税、城市维护建设税、房产税、土地使用税、车船使用税、教育费附加等税费，企业代扣的个人所得税也在此列。这项负债也是企业正常经营产生的负债，增减变动属正常现象，增加可能是销售收入的增加所致，减少也与销售的减少等有关，具体还需结合利润表及相关附表进一步分析才能知晓。

如果数据为负数，说明企业无应交而未交的税费，而是多交了税费，即企业预缴了税费，这种情况是不常见的，我们应进一步分析具体原因和阅读其他相关资料。

8. 长期借款

“长期借款”项目核算企业向银行或其他金融机构借入的期限在一年以上（不含一年）的各项借款，本项目只反映实质上的长期借款，即截至报告期末偿还期限超过一年的金融机构借款，至报告期末止偿还期限在一年以下（含一年）的借款应剔除，在流动负债中的“一年内到期的非流动负债”项目列示。该项目可能因企业长期资产的增减而增减变动，但不一定同比例变动，这要依据企业自有资金的情况来决定，具体的增减变动是否合理，还需要借助进一步的分析才能得出结论。

如果“一年内到期的非流动负债”项目无金额，本年未发生新的长期借款业务，说明企业仍有很大的借款空间，可以认为该企业经营比较稳健，长期借入资金很少，或者说该企业自有资本实力雄厚。具体属哪一种情况，结合其他资料进一步分析。

9. 负债合计

“负债合计”项目是流动负债与非流动负债两项的合计，总体反映企业负债的规模与水平，也能反映出经营者的经营理念，同时相关信息使用者也可借此项目初步作出相关判断，最终决策必须通过进一步的多方分析和研究才能做出。

练习 2-16

甲公司资产负债表中负债的阅读，负债的规模和结构变动情况如表 2-17 所示。

表 2-17　负债的规模和结构变动情况表

项目	规模（万元）				结构（占资产总额）（%）		
	20×9 年	20×8 年	增减额	增减率（%）	20×9 年	20×8 年	结构变动
流动负债合计	57 432 334	52 013 380	5 418 954	10.42	35.70	60.52	－24.82
长期负债合计	200 000	4 208 277	－4 008 277	－95.25	0.12	4.90	－4.78
负债总和	57 632 334	56 221 657	1 410 677	2.51	35.82	65.42	－29.6
资产总额	160 895 115	85 937 123	74 957 992	87.22	100	100	—

从表 2-17 中可看出以下几点。

（1）甲公司流动负债金额少量增加，所占比重大幅削减，而长期负债增减变动和所占比重更是大幅降低，负债总额占资产总额的比例由 65.42%降为 35.82%，这显然说明该公司的资金来源转向了自有资本，财务风险将降低。

（2）该公司负债结构中长期负债比重相对很小，因此推算该公司的资本成本不会太高。但是由于短期负债较多，因而财务风险较高，因此应关注其流动负债的偿还能力。

（三）重要所有者类项目的阅读与分析

1. 实收资本（或股本）

“实收资本（或股本）”项目核算的是企业接受投资者投入的实收资本或股份有限责任公司发行的股票的面值总额。本项目一般不会减少，增加的情况也为数不多，一般在年度内变化不大，如有变化，应结合相关资料认真阅读和分析。

甲公司资产负债表中此项目 20×9 年较去年增长了 33.76%，说明企业在 20×9 年有投资者投入新增注册资本金。

2. 资本公积

“资本公积”项目反映企业资本公积的期末余额，包括资本溢价（或股本溢价）和直接计入所有者权益的利得和损失。阅读这一项目时，应结合企业具体说明认真分析和研读，不能只关注资产负债表主表，还应关注附表和报表附注。

甲公司资产负债表该项目由 20×8 年的 41 961 万元，增加到年末的 55 298 943 万元，增幅高达 131 686.52%，对这一重大变动，应将具体增加原因做进一步分析。

3. 盈余公积

“盈余公积”项目反映的是企业从净利润中提取的盈余公积，包括法定盈余公积和任意盈余公积。根据法律规定，法定盈余公积达到注册资本 50%时可不再提取，任意盈余公积则由企业股东大会或类似权力机构同意，还可提取任意盈余公积，因此对于一个经营平稳的企业而言，这一项目各年之间会平稳增加；盈余公积主要用于弥补亏损和转增资本，经股东会议等机构批准，也可用于发放现金股利。阅读时，应注意结合利润分配表和相关资料来领会本项目提供的信息。

甲公司资产负债表显示盈余公积增幅为120.50%，平稳增加，说明企业该年度经营情况较好，按照法律规定计提了相应比例和金额的盈余公积，是利好消息。

4. 未分配利润

“未分配利润”项目反映的是企业由净利润分配后历年滚存而形成的累计未分配利润（或待弥补的亏损），这一项目的平稳增加，表明企业经营情况平稳上升，企业经营稳健；这一项目的减少则意味着可能企业经营发生亏损，或者企业可能多分配了以往留存的未分配利润。

甲公司资产负债表显示本项目由年初的13 302 747万元，增加到年末24 070 756万元，平稳增加，初步判断系企业经营情况良好。

5. 所有者权益合计

“所有者权益合计”项目反映的是企业各项所有权权益的综合，本项目反映企业权益中归属于投资者所有的部分，投资者据以了解自身投资应享有的权益。通过比较年初、年末此项目的增加与减少的变动，来了解企业的经营情况。

练习 2-17

甲公司资产负债表中所有者权益的阅读，所有者权益的规模和结构变动情况如表2-18所示。

表 2-18　所有者权益的规模和结构变动情况表

项目	规模（万元）				结构（占负债及所有者权益合计）（%）		
	20×9年	20×8年	增减额	增减率（%）	20×9年	20×8年	结构变动
实收资本	18 820 000	14 070 000	4 750 000	33.76	11.70	16.37	−4.67
资本公积	55 298 943	41 961	55 256 982	131 686.52	34.37	0.05	34.32
盈余公积	5 073 082	2 300 758	2 772 324	120.50	3.15	2.68	0.47
未分配利润	24 070 756	13 302 747	10 768 009	80.95	14.96	15.48	−0.52
所有者权益合计	103 262 781	29 715 466	73 547 315	247.51	64.18	34.58	29.6
负债及所有者权益合计	160 895 115	85 937 123	74 957 992	87.22	100	100	—

从表2-18可看出以下两点。

（1）该公司所有者权益提升较快，其中盈余公积、资本公积和未分配利润的涨幅都较高，表明所有者权益的增加主要是这些因素共同作用的结果。

（2）该公司盈余公积和未分配利润的涨幅较大，表明企业20×9年和20×8年盈利情况较好，但是对盈利情况的进一步判断还要看该公司的利润表才可以准确得出。不过从资产负债表中还是可以初步得出，所有者权益所占比重达64.18%，说明该公司主要通过投资者投入和生产经营创造利润获得，较好地保证了股东投资额的保值和增值。

模块五　利润表的编制

一、认识利润表

（一）利润表的概念

利润表是指反映企业在一段时期（年度、半年度、季度、月份）内的收入、费用、利润的财务报表。利润表根据收入、费用和利润三个会计要素的内在联系反映企业在一定时期内的经营成果。利润表是企业的主要财务报表之一，每一个会计主体都必须按照规定定期编制利润表。由于它反映的是某一期间的情况，所以又称为动态报表。

（二）利润表的内容和结构

利润表的格式主要有单步式利润表和多步式利润表两种格式。我国会计准则规定，企业编制利润表应采用多步式结构。

单步式利润表是将企业当期的所有收入、利得与所有费用、损失分别汇总，然后计算出当期利润的财务报表。单步式利润表的格式简单、好理解，但是无法将营业利润与利得、损失区分开来，不能满足信息使用者的决策需要。

多步式利润表是将企业当期的收入、利得、费用和损失按其性质进行分类，按照利润形成的主要环节列示一些中间性的利润指标，分步计算当期利润。多步式利润表的格式清晰，可以明确地将营业利润与利得、损失区分开来，能更好地满足信息使用者的决策需要。

企业可以按照下列三个步骤来编制多步式利润表。

第一步，在“营业收入”的基础上，减去“营业成本”“税金及附加”“销售费用”“管理费用”“财务费用”“资产减值损失”，加上“公允价值变动收益”或减去“公允价值变动损失”，加上“投资收益”或减去“投资损失”，加上“资产处置收益”或减去“资产处置损失”，加上“其他收益”，最终计算出“营业利润”。计算公式为：

营业利润＝营业收入－营业成本－税金及附加－销售费用－管理费用－财务费用－资产减值损失＋公允价值变动收益（－公允价值变动损失）＋投资收益（－投资损失）＋资产处置收益（－资产处置损失）＋其他收益

第二步，在“营业利润”的基础上，加上“营业外收入”减去“营业外支出”，计算出“利润总额”。计算公式为：

利润总额＝营业利润＋营业外收入－营业外支出

第三步，在“利润总额”的基础上，减去“所得税费用”，计算出“净利润”。计算公式为：

净利润＝利润总额－所得税费用

利润表一般包括表头和表身两个部分。如表 2-19 所示，利润表的表头部分是报表的标志，包括报表的名称、编制单位、编制时间和金额单位四个部分。其中，编制时间应为利润表报告期间的一段时间。

利润表的表身部分是报表的主体，按照“营业收入”“营业成本”“税金及附加”“销售费用”“管理费用”“财务费用”“资产减值损失”“公允价值变动收益”“投资收益”“资产处置收益”“其他收益”“营业利润”“营业外收入”“营业外支出”“利润总额”“所得税费用”“净利润”的顺序填列。企业应提供比较利润表，应分别提供“本期金额”和“上期金额”的数据。

表 2-19　利润表

会企 02 表

编制单位：　　　　　　　　　　　　　　　　年　　月　　　　　　　　　　　　　　　　单位：元

项目	本期金额	上期金额
一、营业收入		
减：营业成本		
税金及附加		
销售费用		
管理费用		
财务费用		
资产减值损失		
加：公允价值变动收益（损失以“－”号填列）		
投资收益（损失以“－”号填列）		
其中：对联营企业和合营企业的投资收益		
资产处置收益		
其他收益		
二、营业利润（亏损以“－”号填列）		
加：营业外收入		
减：营业外支出		
三、利润总额（亏损总额以“－”号填列）		
减：所得税费用		
四、净利润（净亏损以“－”号填列）		
（一）持续经营净利润（净亏损以“－”号填列）		
（二）终止经营净利润（净亏损以“－”号填列）		
五、其他综合收益的税后净额		
（一）以后不能重分类进损益的其他综合收益		
1. 重新计量设定受益计划净负债或净资产的变动		
2. 权益法下在被投资单位不能重分类进损益的其他综合收益中享有的份额		
……		
（二）以后将重分类进损益的其他综合收益		

续表

项目	本期金额	上期金额
1. 权益法下在被投资单位以后将重分类进损益的其他综合收益中享有的份额		
2. 可供出售金融资产公允价值变动损益		
3. 持有至到期投资重分类为可供出售金融资产损益		
4. 现金流量套期损益的有效部分		
5. 外币财务报表折算差额		
……		
六、综合收益总额		
七、每股收益		
（一）基本每股收益		
（二）稀释每股收益		

（三）利润表的作用

1. 反映企业利润形成的过程

我们现在采用的多步式利润表按照营业利润、利润总额和净利润的形成过程编制，可以更好地反映企业利润的形成过程。

2. 评价企业的盈亏状况

利润表中分别提供的营业利润、利润总额和净利润的金额，可以明确地反映出企业各个步骤的盈利或亏损状况。

3. 预测企业未来的盈亏

利润表中提供的比较会计信息，可以反映出企业不同时期的收入、费用和利润的情况，通过对其分析比较可以得到企业盈亏的发展趋势，并根据该趋势来预测企业未来的盈亏。

二、编制利润表

（一）填列利润表"上期金额"栏原理和方法

利润表"上期金额"栏内各个项目的金额，应根据上期利润表各个项目"本期金额"栏的金额对应填列。如果本期利润表规定的各个项目的名称或内容与上期不一致，应当对上期利润表各项目的名称和数字按照本期的新规定进行调整，并按调整后的金额填入本期利润表对应项目的"上期金额"栏内。

（二）填列利润表"本期金额"栏原理和方法

利润表"本期金额"栏内各个项目的金额，应根据企业损益类账户总账的本期发生额来分析填列。根据利润表各个项目的分析填列方法不同，现将利润表"本期金额"的填列方法分为以下三类。

1. 根据对应总账账户的本期发生额分析填列

(1)“营业收入”项目，反映企业经营主要业务和其他业务所确认的收入总额。本项目应根据“主营业务收入”和“其他业务收入”科目的发生额分析填列。计算公式为：

“营业收入”项目“本期金额”栏金额＝“主营业务收入”总账账户的本期贷方发生净额＋“其他业务收入”总账账户的本期贷方发生净额

(2)“营业成本”项目，反映企业经营主要业务和其他业务所发生的成本总额。本项目应根据“主营业务成本”和“其他业务成本”科目的发生额分析填列。计算公式为：

“营业成本”项目“本期金额”栏金额＝“主营业务成本”总账账户的本期借方发生净额＋“其他业务成本”总账账户的本期借方发生净额

(3)“税金及附加”项目，反映企业经营业务应负担的消费税、城市维护建设税、资源税、土地增值税和教育费附加、车船税、房产税、城镇土地使用税、印花税等。本项目应根据“税金及附加”科目的发生额分析填列。

(4)“销售费用”项目，反映企业在销售商品过程中发生的包装费、广告费等费用和为销售本企业商品而专设的销售机构的职工薪酬、业务费等经营费用。本项目应根据“销售费用”科目的发生额分析填列。

(5)“管理费用”项目，反映企业为组织和管理生产经营而发生的管理费用。本项目应根据“管理费用”科目的发生额分析填列。

(6)“财务费用”项目，反映企业筹集生产经营所需资金等而发生的筹资费用。本项目应根据“财务费用”科目的发生额分析填列。

(7)“资产减值损失”项目，反映企业各项资产发生的减值损失。本项目应根据“资产减值损失”科目的发生额分析填列。

(8)“公允价值变动收益”项目，反映企业应当计入当期损益的资产或负债公允价值变动收益。本项目应根据“公允价值变动收益”科目的发生额分析填列。如为净损失，本项目以“－”号填列。

(9)“投资收益”项目，反映企业以各种方式对外投资所取得的收益。本项目应根据“投资收益”科目的发生额分析填列。如为投资损失，本项目以“－”号填列。

(10)“资产处置收益”项目，反映企业出售划分为持有待售的非流动资产（金融工具、长期股权投资和投资性房地产除外）或处置时确认的处置利得或损失，以及处置未划分为持有待售的固定资产、在建工程、生产性生物资产及无形资产而产生的处置利得或损失。债务重组中因处置非流动资产产生的利得或损失和非货币性资产交换产生的利得或损失也包括在本项目内。本项目应根据在损益类科目新设置的“资产处置损益”科目的发生额分析填列；如为处置损失，以“－”号填列。

(11)“其他收益”项目，反映计入其他收益的政府补助等。本项目应根据在损益类科目新设置的“其他收益”科目的发生额分析填列。

(12)“营业外收入”项目，反映企业发生的与经营业务无直接关系的各项收入。本项目应根据“营业外收入”科目的发生额分析填列。

(13)“营业外支出”项目，反映企业发生的与经营业务无直接关系的各项支出。本项目应根据“营业外支出”科目的发生额分析填列。

(14)“所得税费用”项目，反映企业应从当期利润总额中扣除的所得税费用。本项目应根据“所得税费用”科目的发生额分析填列。

2. 根据相关所属的相关明细科目的本期发生额分析填列

（1）“对联营企业和合营企业的投资收益”项目，反映长期股权投资中对联营企业和合营企业的投资收益，根据“投资收益”科目所属的相关明细科目的发生额分析填列。

（2）“其他综合收益的税后净额”项目，反映企业根据《企业会计准则》规定未在损益中确认的各项利得和损失扣除所得税影响后的净额，根据“其他综合收益”科目及其所属明细科目的本期发生额分析填列。

3. 根据利润表中相关项目的金额计算填列

（1）“营业利润”项目，反映企业在日常生产经营过程中形成的收入减去成本费用后的利润。本项目应根据“营业收入”项目、“营业成本”项目、“税金及附加”项目、“销售费用”项目、“管理费用”项目、“财务费用”项目、“资产减值损失”项目、“公允价值变动收益”项目、“投资收益”项目、“资产处置收益”项目、“其他收益”项目的金额计算分析填列。计算公式为：

“营业利润”项目“本期金额”栏金额＝“营业收入”项目“本期金额”栏金额－“营业成本”项目“本期金额”栏金额－“税金及附加”项目“本期金额”栏金额－“销售费用”项目“本期金额”栏金额－“管理费用”项目“本期金额”栏金额－“财务费用”项目“本期金额”栏金额－“资产减值损失”项目“本期金额”栏金额＋“公允价值变动收益”项目“本期金额”栏金额＋“投资收益”项目“本期金额”栏金额＋“资产处置收益”项目“本期金额”栏金额＋“其他收益”项目“本期金额”栏金额

（2）“利润总额”项目，反映企业在生产经营过程中形成的营业利润加上利得再减去损失后的利润。本项目应根据“营业利润”项目、“营业外收入”项目、“营业外支出”项目的金额计算分析填列。计算公式为：

“利润总额”项目“本期金额”栏金额＝“营业利润”项目“本期金额”栏金额＋“营业外收入”项目“本期金额”栏金额－“营业外支出”项目“本期金额”栏金额

（3）“净利润”项目，反映企业在生产经营过程中形成的净利润。本项目应根据“利润总额”项目、“所得税费用”项目的金额计算分析填列。计算公式为：

“净利润”项目“本期金额”栏金额＝“利润总额”项目“本期金额”栏金额－“所得税费用”项目“本期金额”栏金额

（4）“综合收益总额”项目，反映企业净利润与其他综合收益税后净额的合计金额。计算公式为：

“综合收益总额”项目“本期金额”栏金额＝“净利润”项目“本期金额”栏金额＋“其他综合收益的税后净额”项目“本期金额”栏金额

练习 2-18

ABC 股份有限公司 20×9 年度有关利润表相关账户本年累计发生净额如表 2-20 所示。

表 2-20（1）　20×9 年度损益类科目累计发生净额

单位：元

科目名称	借方发生额	贷方发生额
主营业务收入		1 200 000
其他业务收入		50 000

续表

科目名称	借方发生额	贷方发生额
主营业务成本	725 000	
其他业务成本	25 000	
税金及附加	2 000	
销售费用	20 000	
管理费用	157 100	
财务费用	41 500	
资产减值损失	30 900	
投资收益		31 500
资产处置损益		30 000
营业外收入		20 000
营业外支出	19 700	
所得税费用	112 596	
其他综合收益		100 000

表 2-20（2） 20×9 年度“其他综合收益”明细科目累计发生净额

单位：元

明细科目名称	借方发生额	贷方发生额
可供出售金融资产公允价值变动	—	15 000
权益法下在被投资单位以后将重分类进损益的其他综合收益中享有的份额	—	85 000
合计	—	100 000

根据上述资料，编制 ABC 股份有限公司 20×9 年度利润表（上期金额略）。

解：(1) 项目的计算

①“营业收入”项目“本期金额”栏金额

“营业收入”项目“本期金额”栏金额＝“主营业务收入”总账账户的本期贷方发生额＋“其他业务收入”总账账户的本期贷方发生额＝1 200 000＋50 000＝1 250 000（元）

②“营业成本”项目“本期金额”栏金额

“营业成本”项目“本期金额”栏金额＝“主营业务成本”总账账户的本期借方发生额＋“其他业务成本”总账账户的本期借方发生额＝725 000＋25 000＝750 000（元）

③“营业利润”项目“本期金额”栏金额

“营业利润”项目“本期金额”栏金额＝“营业收入”项目“本期金额”栏金额－“营业成本”项目“本期金额”栏金额－“税金及附加”项目“本期金额”栏金额－“销售费用”项目“本期金额”栏金额－“管理费用”项目“本期金额”栏金额－“财务费用”项目“本期金额”栏金额－“资产减值损失”项目“本期金额”栏金额＋“投资收益”项目“本期金额”栏金额＋“资产处置收益”项目“本期金额”栏金额＝1 250 000－750 000－2 000－20 000－157 100－41 500－30 900＋31 500＋

30 000＝310 000（元）

④“利润总额”项目“本期金额”栏金额

“利润总额”项目“本期金额”栏金额＝“营业利润”项目“本期金额”栏金额＋“营业外收入”项目“本期金额”栏金额－“营业外支出”项目“本期金额”栏金额＝310 000＋20 000－19 700＝310 300（元）

⑤“净利润”项目“本期金额”栏金额

“净利润”项目“本期金额”栏金额＝“利润总额”项目“本期金额”栏金额－“所得税费用”项目“本期金额”栏金额＝310 300－112 596＝197 704（元）

（2）编制利润表（表 2-21）。

表 2-21　利润表

会企 02 表

编制单位：ABC 股份有限公司　　　　20×9 年 12 月　　　　单位：元

项目	本期金额	上期金额
一、营业收入	1 250 000	
减：营业成本	750 000	
税金及附加	2 000	
销售费用	20 000	
管理费用	157 100	
财务费用	41 500	
资产减值损失	30 900	
加：公允价值变动收益（损失以“－”号填列）	0	
投资收益（损失以“－”号填列）	31 500	
其中：对联营企业和合营企业的投资收益	0	
资产处置收益	30 000	
其他收益	0	
二、营业利润（亏损以“－”号填列）	310 000	
加：营业外收入	20 000	
减：营业外支出	19 700	
三、利润总额（亏损总额以“－”号填列）	310 300	
减：所得税费用	112 596	
四、净利润（净亏损以“－”号填列）	197 704	
（一）持续经营净利润（净亏损以“－”号填列）	197 704	
（二）终止经营净利润（净亏损以“－”号填列）		
五、其他综合收益的税后净额	100 000	
（一）以后不能重分类进损益的其他综合收益	—	
1. 重新计量设定受益计划净负债或净资产的变动		

续表

项目	本期金额	上期金额
2. 权益法下在被投资单位不能重分类进损益的其他综合收益中享有的份额		
……		
（二）以后将重分类进损益的其他综合收益	100 000	
1. 权益法下在被投资单位以后将重分类进损益的其他综合收益中享有的份额	85 000	
2. 可供出售金融资产公允价值变动损益	15 000	
3. 持有至到期投资重分类为可供出售金融资产损益		
4. 现金流量套期损益的有效部分		
5. 外币财务报表折算差额		
……		
六、综合收益总额	297 704	
七、每股收益	—	
（一）基本每股收益		
（二）稀释每股收益		

三、编制利润表案例分析

1. 编制损益类账户本期发生额表（表 2-22）

表 2-22 损益类账户本期发生额表

单位：元

账户名称	贷方发生额	账户名称	借方发生额
主营业务收入	12 500 000	主营业务成本	7 500 000
投资收益	15 000	税金及附加	20 000
资产处置损益	303 000	销售费用	200 000
		管理费用	1 871 000
		财务费用	300 000
		资产减值损失	309 000
		营业外支出	23 400
		所得税费用	1 177 218

2. 编制利润表

（1）项目的计算

①“营业利润”项目“本期金额”栏金额

“营业利润”项目“本期金额”栏金额＝“营业收入”项目“本期金额”栏金额－“营业成本”项目“本期金额”栏金额－“税金及附加”项目“本期金额”栏金额－“销售费用”项目“本期金

额”栏金额－“管理费用”项目“本期金额”栏金额－“财务费用”项目“本期金额”栏金额－“资产减值损失”项目“本期金额”栏金额＋“投资收益”项目“本期金额”栏金额＋“资产处置收益”项目“本期金额”栏金额＝12 500 000－7 500 000－20 000－200 000－1 871 000－300 000－309 000＋15 000＋303 000＝2 618 000（元）

②“利润总额”项目“本期金额”栏金额

“利润总额”项目“本期金额”栏金额＝“营业利润”项目“本期金额”栏金额＋“营业外收入”项目“本期金额”栏金额－“营业外支出”项目“本期金额”栏金额＝2 618 000＋0－23 400＝2 594 600（元）

③“净利润”项目“本期金额”栏金额

“净利润”项目“本期金额”栏金额＝“利润总额”项目“本期金额”栏金额－“所得税费用”项目“本期金额”栏金额＝2 594 600－1 177 218＝1 417 382（元）

（2）编制利润表（表 2-23）。

表 2-23　利润表

会企 02 表

编制单位：ABC 股份有限公司　　　　20×9 年×月　　　　单位：元

项目	本期金额	上期金额
一、营业收入	12 500 000	
减：营业成本	7 500 000	
税金及附加	20 000	
销售费用	200 000	
管理费用	1 871 000	
财务费用	300 000	
资产减值损失	309 000	
加：公允价值变动收益（损失以“－”号填列）	0	
投资收益（损失以“－”号填列）	15 000	
其中：对联营企业和合营企业的投资收益	—	
资产处置收益	303 000	
其他收益	0	
二、营业利润（亏损以“－”号填列）	2 618 000	
加：营业外收入	0	
减：营业外支出	23 400	
三、利润总额（亏损总额以“－”号填列）	2 594 600	
减：所得税费用	1 177 218	
四、净利润（净亏损以“－”号填列）	1 417 382	
（一）持续经营净利润（净亏损以“－”号填列）	1 417 382	
（二）终止经营净利润（净亏损以“－”号填列）	—	
五、其他综合收益的税后净额	0	
（一）以后不能重分类进损益的其他综合收益		

续表

项目	本期金额	上期金额
1. 重新计量设定受益计划净负债或净资产的变动		
2. 权益法下在被投资单位不能重分类进损益的其他综合收益中享有的份额		
……		
（二）以后将重分类进损益的其他综合收益		
1. 权益法下在被投资单位以后将重分类进损益的其他综合收益中享有的份额		
2. 可供出售金融资产公允价值变动损益		
3. 持有至到期投资重分类为可供出售金融资产损益		
4. 现金流量套期损益的有效部分		
5. 外币财务报表折算差额		
……		
六、综合收益总额	1 417 382	
七、每股收益	—	
（一）基本每股收益		
（二）稀释每股收益		

四、阅读利润表

（一）解读利润表重点项目

1. 收入的构成内容

收入是指企业在日常活动中形成的、会导致所有者权益增加的、与所有者投入资本无关的经济利益的总流入。包括：销售商品收入、提供劳务收入、让渡资产使用权收入等。

（1）销售商品收入。销售商品收入的确认，需要同时满足下列条件。

①企业已将商品所有权上的主要风险和报酬转移给购货方；

②企业既没有保留通常与所有权相联系的继续管理权，也没有对已售出的商品实施有效控制；

③收入的金额能够可靠地计量；

④相关的经济利益很可能流入企业；

⑤相关的已发生或将发生的成本能够可靠地计量。

已将商品所有权上的主要风险和报酬转移给购货方是前提性的条件。如果商品所有权凭证发生了转移，但未交付实物，如企业已将提货单交给购货方，但购货方尚未提货，此时，商品所有权上主要风险和报酬也已随之转移了，企业保留的只是次要风险和报酬。如果已交付实物但未转移商品所有权凭证，如委托代销商品，商品所有权上的主要风险和报酬未随之转移。如果企业已将商品所有权凭证或实物交付给购货方，但商品所有权上的主要风险和报酬并未转移，即销售方企业继续保留着商品所有权上的主要风险和报酬。如销售合同中规定了约定情况下买方有权退货的条款，而销售方企业又不能确定退货的可能性时，即便货物已发出，甚至款项已部分或全部收取，也不能确认收入。只有当买方正式接受商品时或退货期满时，才能确认收入。

销售折扣与折让：

商业折扣指企业为促进商品销售而在商品标价上给予的价格扣除，按照扣除商业折扣后的金额（即发票金额）确定销售收入金额。现金折扣指债权人为鼓励债务人在规定期限内付款而向债务人提供的债务扣除，按照扣除现金折扣前的金额确定销售商品收入的金额，现金折扣在实际发生时计入当期损益。赊销时全额确认收入，折扣期内收回赊销款，打折部分计入财务费用。销售商品涉及现金折扣的，赊销应当按照不扣除现金折扣的金额确定销售商品收入金额。现金折扣在实际发生时计入当期损益（财务费用）。

销售折让指企业已经确认销售收入的售出商品发生销售折让或销售退回的，均应在发生时冲减当期的销售商品收入。

（2）提供劳务收入。企业在资产负债表日提供劳务交易的结果能够可靠估计的，应当采用完工百分比法确认提供劳务收入。计算公式为：

本期确认的收入＝提供劳务收入总额×完工进度－以前会计期间累计已确认提供劳务收入

本期确认的成本＝提供劳务预计成本总额×完工进度－以前会计期间累计已确认提供劳务成本

企业在资产负债表日提供劳务交易的结果不能够可靠估计的，则应当分以下情况进行处理。

①已经发生的劳务成本预计能够得到补偿的，按照已经发生的劳务成本金额确认提供劳务收入，同时按相同金额结转劳务成本；

②已经发生的劳务成本预计不能够得到补偿的，应当将已经发生的劳务成本计入当期损益，但不确认劳务收入。提供劳务交易的结果能够可靠估计，是指同时满足下列条件：收入的金额能够可靠地计量；相关的经济利益很可能流入企业；劳务交易的完工进度能够可靠地确定；交易中已发生或将发生的成本能够可靠地计量。

（3）让渡资产使用权收入。让渡资产使用权收入包括利息收入、使用费收入和现金股利收入等。让渡资产使用权收入的确认，需要同时满足下列条件：相关的经济利益很可能流入企业；收入的金额能够可靠地计量。收入的确认方式分为以下几种。

①一次性收取使用费。如果合同或协议规定一次性收取使用费，且不提供后续服务——视同销售该项资产一次性确认收入；如果合同或协议规定一次性收取使用费，提供后续服务——在合同或协议规定的有效期内分期确认收入。

②分期收取使用费。如果合同或协议规定分期收取使用费的，应按合同或协议规定的收款时间和金额或规定的收费方法计算确定的金额分期确认收入。

会计准则的规定，利息收入应该按照他人使用本企业货币资金的时间和实际利率确定；使用费收入应该按照合同或协议约定的收费时间和方法计算确定；现金股利收入应该按照被投资单位宣告的股利分配方案和持股比例计算确定。

2. 成本、税金及费用

成本、税金及费用包括营业成本、税金及附加、期间费用。

（1）营业成本。利润表上反映的营业成本，包括主营业务成本和其他业务成本。

主营业务成本指企业在确认销售商品和提供劳务等主营业务收入时应结转的成本。月末，企业应根据本期（月）销售各种商品、提供各种劳务等的实际成本，计算应结转的主营业务成本，反映“主营业务成本”的增加（借方），同时反映“库存商品”“劳务成本”等的减少（贷方）。本期发生的销售退回，如果已结转销售成本，则应予以冲回。

其他业务成本指企业确认的除主营业务活动以外的其他经营活动所发生的支出。包括：销售材料的成本、出租固定资产的折旧额、出租无形资产的摊销额、出租包装物的成本或摊销额等。采用成本模式计量投资性房地产的企业，其投资性房地产计提的折旧额或摊销额，也计入其他业务成本。

（2）税金及附加。税金及附加指企业经营活动应负担的相关税费，包括消费税、城市维护建设税、资源税、教育费附加、房产税、车船税、城镇土地使用税和印花税等。

（3）期间费用。期间费用包括销售费用、管理费用和财务费用。

销售费用是指销售商品和材料、提供劳务过程中发生的各种费用。包括：保险费、包装费、展览费和广告费、商品维修费、运输费、装卸费、预计产品质量保证损失等，以及为销售本企业商品而专设的销售机构（含销售网点、售后服务网点等）的职工薪酬、业务费、折旧费等经营费用。

管理费用指企业为组织和管理企业生产经营所发生的各种费用。包括：企业在筹建期间内发生的开办费用、董事会和行政管理部门在企业经营管理过程中发生的或者应由企业统一负担的公司经费（包括行政管理部门职工工资及福利费、物料消耗、低值易耗品摊销、办公费和差旅费等）、工会经费、董事会费（包括董事会成员津贴、会议费和差旅费等）、聘请中介机构费、咨询费（含顾问费）、诉讼费、业务招待费、技术转让费、矿产资源补偿费、研究费用、排污费等。

财务费用是指企业筹集生产经营所需资金而发生的各项费用，包括利息支出、汇兑损益以及相关的手续费、企业发生的现金折扣或收到的现金折扣等。

3. 资产减值损失

资产减值损失指计提各项资产减值准备所形成的损失。应收账款、预付账款和其他应收款的减值损失中对于单项金额重大的应收款项，应当单独进行减值测试。

有客观证据表明其发生了减值的，应当根据其未来现金流量现值低于账面价值的差额，确认减值损失，计提坏账准备。对于单项金额非重大的应收款项，可以单独进行减值测试，确定减值损失，计提坏账准备；也可以与经单独测试后未减值的应收款项一起按类似信用风险特征划分为若干组合，再按这些应收款项组合在资产负债表日余额的一定比例计算确定减值损失，计提坏账准备。应收账款在确认减值损失（计提坏账准备）后，如有客观证据表明其价值已恢复，且客观上与确认该损失后发生的事项有关（如债务人的信用评级已提高等），原确认的减值损失应当予以转回，计入当期损益。转回后的账面价值不应当超过假定不计提减值准备情况下该应收账款在转回日的账面价值。

预付账款和其他应收款估计并计提坏账准备后，期末资产负债表上反映的预付账款和其他应收款，是其原入账金额减去相应的“坏账准备”账户余额后的净额。在确认减值损失（计提坏账准备）后，如有客观证据表明其价值已恢复，且客观上与确认该损失后发生的事项有关，原确认的减值损失也应当予以转回，计入当期损益。转回后的账面价值不应当超过假定不计提减值准备情况下该预付账款和其他应收款在转回日的账面价值。

4. 公允价值变动损益

公允价值变动损益指企业以各种资产，如投资性房地产、债务重组、非货币交换、交易性金融资产等公允价值变动形成的应计入当期损益的利得或损失。本科目核算企业在初始确认时划分为以公允价值计量且其变动计入当期损益的金融资产或金融负债（包括交易性金融资产或金融负债和直接指定为以公允价值计量且其变动计入当期损益的金融资产或金融负债）和以公允价值模式进行后续计量的投资性房地产。本科目应当按照交易性金融资产、交易性金融负债等进行明细核算。

公允价值变动损益的主要账务处理：

资产负债表日，企业交易性金融资产的公允价值高于其账面余额的差额，做如下会计分录。

借：交易性金融资产——公允价值变动

　　投资性房地产——公允价值变动

　　贷：公允价值变动损益

公允价值低于其账面余额的差额，做相反的会计分录。

出售交易性金融资产时，做如下会计分录。

借：银行存款

　　贷：交易性金融资产——成本、公允价值变动

同时，按“公允价值变动损益”科目的余额，借记或贷记本科目，贷记或借记“投资收益”科目。

处置以公允价值模式进行后续计量的投资性房地产，做如下会计分录。

借：银行存款

　　贷：其他业务收入

借：其他业务成本

　　贷：投资性房地产——成本、公允价值变动

同时，结转投资性房地产累计公允价值变动。若存在原转换日计入“其他综合收益”的金额，一并结转。可供出售金融资产公允价值变动应计入“其他综合收益”，不在此科目核算。

5. 营业外收支

营业外收支指企业发生的与经营业务没有直接和必然联系的各项活动引起的收入和支出。营业外收入包括债务重组利得、政府补助、盘盈利得、捐赠利得等。营业外支出包括债务重组损失、公益性捐赠支出、非常损失、盘亏损失等。

（二）利润表结构分析

1. 共同比利润表

将利润表中的每个项目与一个共同项目（一般是营业收入）相比，计算比率，以此分析企业利润的产生过程和结构。进而还可以通过每年的共同比报表中的比率数据，形成比较共同比利润表，从而分析利润表结构随时间的变动情况及变动原因。

练习 2-19

表 2-24　ABC 公司共同比利润表

单位：百万元

项目	年份		结构百分比（%）		
	20×9 年	20×8 年	20×9 年	20×8 年	差异
一、营业收入	16623.43	15449.48	100.00	100.00	0.00
减：营业成本	14667.80	13407.09	88.24	86.78	1.46
税金及附加	27.99	16.0	0.17	0.10	0.07

续表

项目	年份		结构百分比（%）		
	20×9 年	20×8 年	20×9 年	20×8 年	差异
销售费用	915.91	828.46	5.51	5.36	0.15
管理费用	574.44	562.98	3.46	3.64	−0.19
财务费用	−2.03	7.29	−0.01	0.05	−0.06
资产减值损失	0.00				
加：公允价值变动收益	0.00				
投资收益	−113.1	−121.54	−0.68	−0.79	0.11
其中：对联营企业和合营企业的投资收益					
资产处置收益					
其他收益					
二、营业利润	32.12	506.12	1.96	3.28	−1.31
加：营业外收入	5.76	4.33	0.03	0.03	0.00
减：营业外支出	6.11	0.65	0.04	0.00	0.04
三、利润总额	325.77	509.81	1.96	3.30	−1.34
减：所得税费用	86.65	140.37	0.52	0.91	−0.39
四、净利润	239.12	369.43	1.44	2.39	−0.95
五、每股收益					
（一）基本每股收益（12 亿股）	0.20	0.31			
（二）稀释每股收益（12 亿股）	0.20	0.31			

从表 2-24 中可看出企业各项财务成果的构成情况，20×9 年度营业成本占营业收入的比重为 88.24%，比 20×8 年度的 86.78%增长了 1.46 个百分点，税金及附加占营业收入的比重为 0.17%，比 20×8 年度的 0.10%增长了 0.07 个百分点，销售费用占营业收入的比重也增长了 0.15 个百分点，但管理费用、财务费用占营业收入的比重都有所降低，两方面相抵的结果是营业利润占营业收入的比重下降了 1.31 个百分点，进而导致净利润占营业收入的比重 20×9 年比 20×8 年下降了 0.95 个百分点，从表 2-24 中，我们可以看出公司在原材料价格持续上涨的市场环境中不断努力，通过努力降低管理费用和财务费用的方式提高公司盈利水平。但通过前面资产负债表的分析可知，公司 20×9 年的货币资金有所减少，长期借款维持原状，又举借了新的短期借款，按理说，公司的财务费用不应该比 20×8 年少很多，但利润表上的财务费用由 20×8 年 700 多万元，变成了 20×9 年的负 200 多万元，显然有些不太合理，但对利润总额的影响不是很大。

2. 利润总额构成表

分析人员应重点关注企业利润的来源，因为不同来源的利润在未来期间的可持续性不同，正常发展的企业应当以营业利润为利润总额的主要部分，如果企业利润主要来自投资收益、营业外收支净额等项目，则企业利润质量不高。

（三）如何快速看懂利润表

1. 看懂利润表的格式

一份完整的利润表中需要包含表头、收入、成本、税金及费用、所得税、其他综合收益等内容以及签章。

（1）看利润表的表头，利润表表头包括报表名称、编制单位、报表时间和货币单位等。

因为利润表所反映的是一定会计期间的经营成果，所以阅读利润表时一定要看清楚报表时间。

（2）注意利润表包括本期金额和上期金额，以便进行比较。

2. 阅读利润表收入类账户

营业收入是公司收入的根本，没有收入的增长，利润的增长几乎不可能。所以拿到利润表后，首先应当重点阅读收入类账户。

3. 阅读利润表成本费用类账户

影响利润的因素除了收入，还有成本和费用。阅读利润表时成本费用类账户的数据都是总数，没有详细说明，需要通过阅读财务报表附注的说明才能判断成本费用包含的内容是否适当，费用的确认是否合理。

4. 利润表计算利润的步骤

利润是企业在一定会计期间的经营成果，是企业营运的最终目标，利润表的计算步骤（从营业收入至算出综合收益总额）如下。

（1）计算营业利润。计算公式为：

营业利润＝营业收入－营业成本－税金及附加－销售费用－管理费用－财务费用－资产减值损失＋公允价值变动收益（－公允价值变动损失）＋投资收益（－投资损失）＋资产处置收益（－资产处置损失）＋其他收益

（2）计算利润总额。计算公式为：

利润总额＝营业利润＋营业外收入－营业外支出

（3）计算净利润。计算公式为：

净利润＝利润总额－所得税费用

（4）计算其他综合收益税后净额。指企业根据企业会计准则规定未在损益中确认的各项利得和损失扣除所得税影响后的净额。

（5）计算综合收益总额。计算公式为：

综合收益总额＝净利润＋其他综合收益税后净额

利润表的第一项营业收入减去第二项营业成本，我们通常称为营业毛利，这个数字我们无法在利润表中直接获取，但对报表使用者来讲非常重要。

利润表中的营业收入包括企业的主营业务收入和其他业务收入两部分，营业成本也包括主营业务成本和其他业务成本两部分，具体数据要看财务报表附注的相关项目。

不同企业的营业收入内容不同，具体内容仍要关注财务报表附注的相关项目。

模块六 现金流量表的编制

一、认识现金流量表

（一）现金流量表的概念

现金流量表反映一定时期内（如月度、季度或年度）企业经营活动、投资活动和筹资活动对其现金及现金等价物流入、流出状况产生影响的财务报表。现金流量表是以收付实现制为基础编制的，其将以权责发生制为基础计算的盈利信息调整为以收付实现制为基础的现金流量信息，便于信息使用者可以更好地了解企业净利润的情况。现金流量表是企业的主要财务报表之一，每一个会计主体都必须定期编制现金流量表。

现金流量表中反映的“现金”是指广义的现金，包括现金和现金等价物。

（1）“现金”包括企业库存现金以及企业存入金融机构、随时可以用于支付的存款。其中可以随时用于支付的存款，包括银行存款和其他货币资金。这里的银行存款，必须是可以随时支取的存款，包括提前通知金融机构便可支取的定期存款；其他货币资金包括外埠存款、银行汇票存款、银行本票存款、信用卡存款、信用保证金存款和存出投资款等。

【提示】 银行存款和其他货币资金中不能随时用于支付的存款，如不能随时支取的定期存款等，不应作为现金，而应列作投资。但是，通知存款包括在现金范围内。

（2）现金等价物指企业持有的期限短、流动性强、易于转换为已知金额现金、价值变动风险很小的短期投资。

【提示】 现金等价物通常包括三个月内到期的债券投资等。一般是指归于“交易性金融资产”的债券性投资。

（二）现金流量的分类

按照现金流量产生的方式不同，将现金流量划分为经营活动产生的现金流量、投资活动产生的现金流量和筹资活动产生的现金流量三类。

1. 经营活动现金流量

经营活动，是指企业投资、筹资活动以外的所有交易和事项，是企业生产经营所必须进行的经济活动。各类企业由于所处行业类型不同，对经营活动的认定存在一定的差异。以工业企业为例，经营活动主要包括销售商品或提供劳务、购买商品或接受劳务、经营性租赁、广告宣传、支付各种税费等经济活动。

2. 投资活动现金流量

投资活动，是指企业长期资产的构建和不包括现金等价物在内的投资及其处置活动。投资活动既包括实物资产投资，也包括金融资产投资。长期资产，是指固定资产、无形资产、在建工程、其他长期资产等期限在一年或一个营业周期以上的资产。金融资产，是指企业购买的股票、债券、基金等资产，但是不包括归属于现金等价物的期限在 3 个月内的债券投资。

3. 筹资活动现金流量

筹资活动，是指导致企业资本及债务规模和构成发生变化的活动。这里的"资本"，既包括"实收资本（股本）"，也包括"资本公积——资本（股本）溢价"。这里的"债务"，既包括向银行等金融机构的借款，也包括发行债券，但是"应付票据""应付账款"等商业应付款项形成的现金流量应归属于经营活动而不应归属于筹资活动。

对于企业日常生产经营活动之外发生的特殊的、不经常发生的项目，如自然灾害损失、保险赔款、捐赠等，应当归并到相关类别中，并设立单独的项目反映。

（三）现金流量表的编制范围

现金流量表按照三类活动的现金流入、流出情况进行编制，如图 2-1 所示。

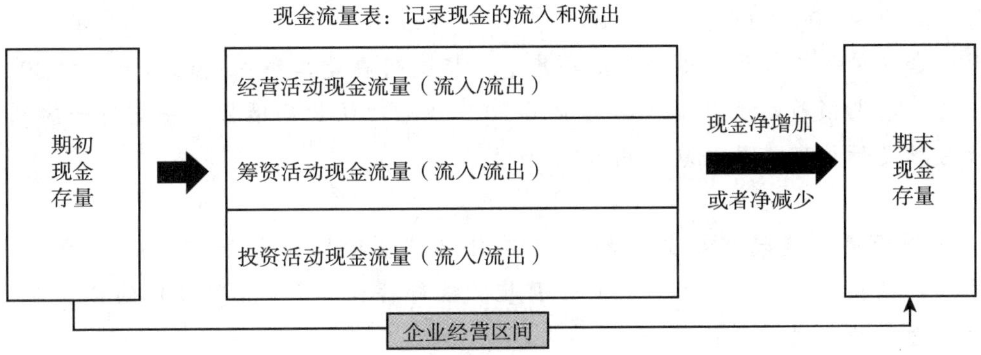

图 2-1　现金流量表的原理

首先，期末现金存量与期初现金存量之间的差额即为当期现金流量。

其次，包括经营活动项目、投资活动项目、筹资活动项目。

如计算经营活动项目中某细项的现金流量就用其期末存量减去期初存量就能得到当期现金流量。

企业发生的所有经济业务，按照其与现金流量的关系可以划分为以下三类。

（1）交易或事项的发生会引起广义现金各项目之间的增减变动，包括现金与现金等价物之间的变动。这一类业务账务处理的借方、贷方都是现金，因而不会影响现金流量的增减变动。

（2）交易或事项的发生会引起非现金各项目之间的增减变动。这一类业务账务处理的借方、贷方都不是现金，也不会影响现金流量的增减变动。

（3）交易或事项的发生会引起广义现金各项目与非现金各项目之间的增减变动。此类业务账务处理的借方、贷方中，一方是现金，另一方不是现金，所以，这类业务必然影响现金流量的增减变动。

以上三类经济业务中，只有第三类业务的发生能够引起企业现金流量的净额发生变化，才会影响企业的现金流量，应该归属于现金流量表的编制范围。其他两类经济业务的发生不会影响企业的现金流量，因而不应该归属于现金流量表的编制范围。但是属于重要的投资和筹资活动，应在附注中予以披露。

练习 2-20

分析下列经济业务对企业现金流量的具体影响。

①购入丙材料一批，取得增值税专用发票上注明材料价款为 1 500 000 元，增值税税额为 195 000 元，企业开出一张转账支票支付，材料在途。

②收到上述丙材料一批验收入库。

③用转账支票支付到期的银行承兑汇票 1 000 000 元。

④销售产品一批，开出的增值税专用发票上注明价款为 100 000 元，增值税税额为 13 000 元，收到一张 3 个月到期的商业承兑汇票。该批产品的实际生产成本为 90 000 元，产品已发出。

⑤收到上述商业承兑汇票 117 000 元，存入银行。

⑥公司出售交易性金融资产（股票投资），收到 18 500 元存入银行，该股票的初始投资成本为 15 000 元，公允价值变动收益为 5 000 元。

⑦购入工程用材料一批，收到的专用发票上注明金额为 100 000 元，增值税税额 13 000 元，款项已通过银行转账支付。

⑧从银行借入 5 年期借款 2 000 000 元，存入银行账户。

⑨从银行提取现金 500 000 元备发工资。

⑩用库存现金支付职工工资 500 000 元，其中包括支付在建工程人员的工资 200 000 元。

⑪提取应计入本期损益的长期借款利息费用 50 000 元，该长期借款每年支付一次利息。

⑫以银行存款支付长期借款利息费用 50 000 元。

分析：

①该笔业务属于第三类情况，业务的发生会引起“在途物资”和“应交税费——应交增值税（进项税额）”（非现金项目）的增加，同时会引起“银行存款”（现金项目）的减少。该笔现金的流出，应归属于经营活动的现金流量。

②该笔业务属于第二类情况，业务的发生会引起“原材料”（非现金项目）的增加，同时会引起“在途物资”（非现金项目）的减少。该笔业务对现金流量没有影响。

③该笔业务属于第三类情况，业务的发生会引起“应付票据”（非现金项目）的减少，同时会引起“银行存款”（现金项目）的减少。该笔现金的流出，应归属于经营活动的现金流量。

④该笔业务属于第二类情况，业务的发生会引起“应收票据”（非现金项目）的增加，同时会引起“主营业务收入”和“应交税费——应交增值税（销项税额）”（非现金项目）的增加。该笔业务对现金流量没有影响。

⑤该笔业务属于第三类情况，业务的发生会引起“银行存款”（现金项目）的增加，同时会引起“应收票据”（非现金项目）的减少。该笔现金的流入，应归属于经营活动的现金流量。

⑥该笔业务属于第三类情况，业务的发生会引起“银行存款”（现金项目）的增加，同时会引起“交易性金融资产”（非现金项目）的减少。该笔现金的流入，应归属于投资活动的现金流量。

⑦该笔业务属于第三类情况，业务的发生会引起“工程物资”和“应交税费——应交增值税（进项税额）”（非现金项目）的增加，同时会引起“银行存款”（现金项目）的减少。该笔现金的流出，应归属于投资活动的现金流量。

⑧该笔业务属于第三类情况，业务的发生会引起“银行存款”（现金项目）的增加，同时会引起“长期借款”（非现金项目）的增加。该笔现金的流入，应归属于筹资活动的现金流量。

⑨该笔业务属于第一类情况，业务的发生会引起“库存现金”（现金项目）的增加，同时会引起“银行存款”（现金项目）的减少。该笔业务对现金净流量没有影响。

⑩该笔业务属于第三类情况，业务的发生会引起“库存现金”（现金项目）的减少，同时会引起“应付职工薪酬”（非现金项目）的减少。该笔现金的流出，其中支付给普通职工的工资应归属于经营活动的现金流量，支付给在建工程人员的工资应归属于投资活动的现金流量。

⑪该笔业务属于第二类情况，业务的发生会引起“财务费用”（非现金项目）的增加，同时会引起“应付利息”（非现金项目）的增加。该笔业务对现金流量没有影响。

⑫该笔业务属于第三类情况，业务的发生会引起“银行存款”（现金项目）的减少，同时会引起“应付利息”（非现金项目）的减少。该笔现金的流出，应归属于筹资活动的现金流量。

（四）现金流量表的内容和结构

我国的现金流量表，采用报告式结构，包括现金流量表的主表和补充资料两部分。现金流量表也是比较财务报表，企业应提供“本期金额”和“上期金额”两栏的数据金额。

现金流量表的主表分为表头和表身两部分。如表 2-25 现金流量表所示，现金流量表的主表的表头部分是报表的标志，包括报表的名称、编制单位、编制时间和金额单位四个部分。其中，编制时间应为现金流量表报告期间的一段时间。

现金流量表的表身部分是财务报表的主体，通过经营活动产生的现金流量、投资活动产生的现金流量、筹资活动产生的现金流量、汇率变动对现金及现金等价物的影响、现金及现金等价物净增加额、期末现金及现金等价物余额六个内容来反映企业一定时期现金及现金等价物的流入流出状况。

现金流量表补充资料是对现金流量表主表的补充说明，主要包括将净利润调整为经营活动的现金流量、不涉及现金收支的重大投资和筹资活动、现金及现金等价物净变动情况三个方面的内容。

表 2-25　现金流量表

编制单位：　　　　年　　月　　　　单位：元

项目	本期金额	上期金额
一、经营活动产生的现金流量：		
销售商品、提供劳务收到的现金		
收到的税费返还		
收到其他与经营活动有关的现金		
经营活动现金流入小计		
购买商品、接受劳务支付的现金		
支付的各项税费		
支付其他与经营活动有关的现金		
经营活动现金流出小计		
经营活动产生的现金流量净额		
二、投资活动产生的现金流量：		
收回投资收到的现金		
取得投资收益收到的现金		
处置固定资产、无形资产和其他长期资产收回的现金净额		
处置子公司及其他营业单位收到的现金净额		
收到其他与投资活动有关的现金		
投资活动现金流入小计		

续表

项目	本期金额	上期金额
购建固定资产、无形资产和其他长期资产支付的现金		
投资支付的现金		
取得子公司及其他营业单位支付的现金净额		
支付其他与经营活动有关的现金		
投资活动现金流出小计		
投资活动产生的现金流量净额		
三、筹资活动产生的现金流量：		
吸收投资收到的现金		
取得借款收到的现金		
收到其他与筹资活动有关的现金		
筹资活动现金流入小计		
偿还债务支付的现金		
分配股利、利润或偿付利息支付的现金		
支付其他与筹资活动有关的现金		
筹资活动现金流出小计		
筹资活动产生的现金流量净额		
四、汇率变动对现金及现金等价物的影响		
五、现金及现金等价物净增加额		
加：期初现金及现金等价物余额		
六、期末现金及现金等价物余额		
补充资料		
1. 将净利润调整为经营活动的现金流量		
净利润		
加：资产减值准备		
固定资产折旧、油气资产折耗、生产性生物资产折旧		
无形资产摊销		
长期待摊费用摊销		
处置固定资产、无形资产和其他长期资产的损失（收益以“—”填列）		
固定资产报废损失（收益以“—”填列）		
公允价值变动损失（收益以“—”填列）		
财务费用（收益以“—”填列）		
投资损失（收益以“—”填列）		
递延所得税资产的减少（增加以“—”填列）		
递延所得税负债的增加（减少以“—”填列）		

续表

项目	本期金额	上期金额
存货的减少（增加以“－”填列）		
经营性应收项目的减少（增加以“－”填列）		
经营性应付项目的增加（减少以“－”填列）		
其他		
经营活动产生的现金流量净额		
2. 不涉及现金收支的重大投资和筹资活动		
债务转为资本		
一年内到期的可转换公司债券		
融资租入固定资产		
3. 现金及现金等价物净变动情况		
现金的期末余额		
减：现金的期初余额		
加：现金等价物的期末余额		
减：现金等价物的期初余额		
现金及现金等价物净增加额		

（五）现金流量表的作用

1. 现金流量表能够说明企业一定期间内现金流入和流出的原因

现金流量表将现金流量划分为经营活动、投资活动和筹资活动所产生的现金流量，并按照流入现金和流出现金项目分别反映。

【提示】 如：企业当期从银行借入 500 万元，偿还银行利息 3 万元，在现金流量表的筹资活动产生的现金流量中分别反映“借款收到的现金 500 万元”，“偿付利息支付的现金 3 万元”。

通过现金流量表能够清晰地反映企业现金流入和流出的原因，即现金从哪里来，又运用到哪里去。这些信息是资产负债表和利润表所不能提供的。

2. 现金流量表能够说明企业的偿债能力和支付股利的能力

企业一定期间内获得的利润并不代表企业真正具有偿债或支付能力。因为会计核算采用的是权责发生制、配比原则。现金流量表完全以现金的收支为基础，消除了会计核算中由于会计估计等所产生的获利能力和支付能力。

【提示】 通过现金流量表能够了解企业现金流量的构成，分析企业偿债和支付股利的能力，增强投资者的投资信心和债权人收回债权的信心；通过现金流量表，投资者和债权人可了解企业获取现金的能力和现金偿付的能力，从而使有限的社会资源流向最能产生效益的地方。

3. 现金流量表可以用来分析企业未来获取现金的能力

现金流量表反映企业一定期间内的现金流入和流出的整体情况，说明企业现金从哪里来，又运用到哪里去。

（1）经营活动产生的现金流量，代表企业运用其经济资源创造现金流量的能力；

（2）投资活动产生的现金流量，代表企业运用资金产生现金流量的能力；

（3）筹资活动产生的现金流量，代表企业筹资获得现金流量的能力。

【提示】通过现金流量表及其他财务信息，可以分析企业未来获取或支付现金的能力。

如企业通过银行借款筹得资金，从本期现金流量表中反映为现金流入，但却意味着未来偿还借款时要流出现金；本期应收未收的款项，在本期现金流量表中虽然没有反映为现金的流入，但意味着未来将会有现金流入。

4. 现金流量表可以用来分析企业投资和理财活动对经营成果和财务状况的影响

（1）资产负债表能够提供企业一定日期财务的状况，它所提供的是静态的财务信息，并不能反映财务状况变动的原因，也不能表明这些资产、负债给企业带来多少现金，又用去多少现金；

（2）利润表虽然反映企业一定期间的经营成果，提供动态的财务信息，但利润表只能反映利润的构成，而不能反映经营活动、投资和筹资活动给企业带来多少现金，又支付多少现金，而且利润表不能反映投资和筹资活动的全部事项。

（3）现金流量表提供一定时期现金流入和流出的动态财务信息，表明企业在报告期内由经营活动、投资和筹资活动获得多少现金，企业获得的这些现金是如何运用的，能够说明资产、负债、净资产变动的原因，对资产负债表和利润表起到补充说明的作用。

【提示】 现金流量表是连接资产负债表和利润表的桥梁。

5. 现金流量表能够提供不涉及现金的投资和筹资活动的信息

现金流量表除了反映企业与现金有关的投资和筹资活动外，还通过补充资料（附注）方式提供不涉及现金的投资和筹资活动方面的信息，使财务报表使用者或阅读者能够全面了解和分析企业的投资和筹资活动。

6. 编制现金流量表

编制现金流量表，便于和国际惯例相协调。

二、编制现金流量表

（一）认知现金流量表编制原理

现金流量表按照收付实现制反映企业报告期内经营活动、投资活动、筹资活动的现金流动信息。由于企业编制现金流量表之前的会计信息都是按权责发生制产生的，编制现金流量表实际上是对这些会计信息重新整理的过程，这就是权责发生制下的会计资料转换为收付实现制下的会计资料。

我国企业会计准则规定，企业应当采用直接法编制现金流量表的主表，同时要求企业采用间接法编制现金流量表的补充资料。直接法直接确定每笔涉及现金收支业务的属性，归入按现金流动属性分类形成经营、投资、筹资三部分的现金收支项目。两者的现金流入流出净额合计就得到一个单位整个期间的现金净流量。编制现金流量表的时候，直接法可以通过资产负债表和利润表，相关账务处理记录通过公式计算出来，或者编制收付实现制的分录来统计形成。但是对于财务信息化的单位而言，一般可考虑通过辅助核算项目来实现——即对于每个现金流量项目的会计科目，发生一笔收支业务时，就确定该业务是属于那个现金流量收支项目。然后，期间结账之后，按期间的现金流量科目相关的明细账及其现金流量收支项目即可统计出直接法下的现金流量表。采用直接法编制的现金流量表，便于信息使用者分析企业现金流量的来源和用途，并据此预测企业未来的现金流量状况。

间接法是将直接法中的一部分现金流通过间接的方法倒推出来，以分析这部分现金流在会计核算上的来龙去脉，即将直接法下的经营现金流量单独拿出来，以企业当期的净利润为起点根据不同的调整项目倒推出当期的经营活动现金净流量。间接法下可以从另外一个会计职业角度（直接法下现金流量项目是从收支业务本身划分的）看出企业期间内的经营现金流量来源。

（二）采用“分析填列法”编制现金流量表主表

1. 填列现金流量表“上期金额”栏

现金流量表“上期金额”栏内各个项目的金额，应根据上年同期现金流量表同项目“本期金额”栏的金额对应填列。如果本期现金流量表规定的各项目与上年同期不一致，应当对上期现金流量表各项目按照本期新报表项目进行调整，并按调整后的金额填入本期现金流量表对应项目的“上期金额”栏内。

2. 填列现金流量表“本期金额”栏

分析填列法就是根据发生的经济业务直接判断该业务是否具有现金流量，是属于经营活动、投资活动还是筹资活动现金流量，然后具体分析属于哪个现金流量项目，最后将相同项目汇总填入现金流量表。

（1）填列经营活动所产生的现金流量有关项目

①“销售商品、提供劳务收到的现金”项目，反映企业因销售商品或提供劳务而实际收到的现金，包括收到的增值税销项税额、销售材料和代购代销业务收到的现金。该项目反映企业收回当期销售商品或提供劳务收入、收回前期销售商品或提供劳务应收款项和预收下期销售货物或提供劳务的预收款，减去本期或前期销售本期退回支付的现金。该项目应根据“库存现金”“银行存款”“应收票据”“应收账款”“预收账款”“主营业务收入”“其他业务收入”等账户的记录分析填列。计算公式为：

“销售商品、提供劳务收到的现金”项目＝当期销售商品、提供劳务收到的现金（包括价款与增值税销项税额）＋当期收回前期的“应收账款”收到的现金＋当期收回前期的“应收票据”收到的现金＋当期收到的“预收账款”收到的现金－当期因销货退回而支付的现金＋当期收回前期已核销的坏账损失收到的现金

练习 2-21

某企业为增值税一般纳税人，20×9 年 10 月发生如下经济业务，计算该经济业务对企业编制的现金流量表中“销售商品、提供劳务收到的现金”项目的影响数。

a. 销售产品一批，增值税专用发票上注明价款为 1 000 000 元，增值税税额为 130 000 元，货款及增值税均未收到。

b. 销售产品一批，增值税专用发票上注明价款为 500 000 元，增值税税额为 65 000 元，货款及增值税税额收到存入银行。

c. 收回上个月的一笔应收账款，金额为 2 304 000 元，款项已存入银行。

d. 将一张未到期的银行承兑汇票背书转让，该票据的面值 1 170 000 元，将实际收到 1 100 000 元存入银行。

e. 本月发生已销售商品退回，通过银行转账退回商品价款及税款 351 000 元。

f. 收到商品的预收款 200 000 元存入银行。

g. 收到上年已核销的坏账，金额为 300 000 元，存入银行。

解：“销售商品、提供劳务收到的现金”项目“本期金额”栏金额＝b（500 000＋65 000）＋c 2 304 000＋d 1 100 000－e 351 000＋f 200 000＋g 300 000＝4 118 000（元）

练习 2-22

甲企业本期销售一批商品，开出的增值税专用发票上注明的销售价款为 2 800 000 元，增值税销项税额为 364 000 元，以银行存款收讫；应收票据期初余额为 270 000 元，期末余额为 60 000 元；应收账款期初余额为 1 000 000 元，期末余额为 400 000 元；年度内核销的坏账损失为 20 000 元。另外，本期因商品质量问题发生退货，支付银行存款 30 000 元，货款已通过银行转账支付。计算本期销售商品、提供劳务收到的现金。

解：本期销售商品、提供劳务收到的现金计算如下：

本期销售商品收到的现金	3 164 000
加：本期收到前期的应收票据（270 000－60 000）	210 000
本期收到前期的应收账款（1 000 000－400 000－20 000）	580 000
减：本期因销售退回支付的现金	30 000
本期销售商品、提供劳务收到的现金	3 924 000

---

②“收到的税费返还”项目，反映企业收到各项返还的税费，包括收到返还的增值税、消费税、企业所得税、关税和教育费附加返还款等。该项目应根据“库存现金”“银行存款”“税金及附加”“其他收益”“其他应收款”等账户的记录分析填列。

练习 2-23

甲企业前期出口商品一批，已交纳增值税，按规定应退增值税 8 500 元，前期未退，本期以转账方式收讫；收到的教育费附加返还款 33 000 元，款项已存入银行，计算本期收到的税费返还。

解：本期收到的税费返还计算如下：

本期收到的出口退增值税额	8 500
加：	
收到的退教育费附加返还额	33 000
本期收到的税费返还	41 500

---

③“收到的其他与经营活动有关的现金”项目，反映企业收到的与“销售商品、提供劳务收到的现金”和“收到的税费返还”无关，但是与企业的经营活动有关的现金流入。如企业收到的罚款收入、经营性租赁固定资产而收取的租金收入、流动资产损失中由个人赔偿的现金收入、除税费返还外的其他政府补助收入等。该项目应根据“库存现金”“银行存款”“营业外收入”等明细账账户的记录分析填列。

④“经营活动现金流入小计”项目，反映企业因经营活动而形成的现金流入量的合计金额。该项目应根据“销售商品、提供劳务收到的现金”项目、“收到的税费返还”项目和“收到的其他与经营活动有关的现金”项目的“本期金额”栏金额合计填列。计算公式为：

“经营活动现金流入小计”项目“本期金额”栏金额＝“销售商品、提供劳务收到的现金”项目

“本期金额”栏金额＋“收到的税费返还”项目“本期金额”栏金额＋“收到的其他与经营活动有关的现金”项目“本期金额”栏金额

⑤“购买商品、接受劳务支付的现金”项目，反映企业因购买材料、商品或接受劳务而实际支付的货款和增值税税额。该项目应反映企业当期购买商品、接受劳务而支付的现金，当期支付前期因购买商品、接受劳务而形成的应付款项以及为购买商品、接受劳务而预先支付的款项。企业因购入的商品退回而形成的现金流入，应当在该项目中扣除。企业因购建固定资产而购入的材料物资形成的现金流出不应在该项目中反映，而应在“购建固定资产、无形资产和其他长期资产支付的现金”项目中反映。该项目应根据“库存现金”“银行存款”“应付票据”“应付账款”“预付账款”“主营业务成本”“其他业务成本”“存货”等明细账账户的记录分析填列。计算公式为：

“购买商品、接受劳务支付的现金”项目“本期金额”栏金额＝当期购买商品、接受劳务而支付的现金（包括买价与增值税进项税额）＋当期偿付前期“应付账款”支付的现金＋当期偿付前期“应付票据”支付的现金＋当期支付“预付账款”支付的现金－当期因购货退回收到的现金

练习 2-24

某企业为增值税一般纳税人，20×9 年 1 月发生如下经济业务，计算该经济业务对企业编制的现金流量表中“购买商品、接受劳务支付的现金”项目的影响数。

a. 购买材料一批，取得增值税专用发票上注明价款为 200 000 元，增值税税额为 26 000 元，货款与增值税未付。

b. 购买材料一批，取得增值税专用发票上注明价款为 500 000 元，增值税税额 65 000 元，以银行存款支付货款与税额。

c. 开出转账支票一张，预付材料货款 500 000 元。

d. 通过银行转账支付到期的应付票据，票据到期值为 702 000 元。

e. 用银行本票支付材料价款及增值税，收到的增值税专用发票上注明材料价款 1 000 000 元，增值税税额 130 000 元。

f. 购买工程用材料 1 755 000 元（含增值税），款项已提供银行转账支付。

g. 退回上月购入的一批原材料，价款为 100 000 元，增值税税额为 13 000 元。

解：“购买商品、接受劳务支付的现金”项目“本期金额”栏金额＝b（500 000＋65 000）＋c 500 000＋d 702 000＋e（1 000 000＋130 000）－g（100 000＋13 000）＝2 784 000（元）

练习 2-25

ABC 公司本期购买原材料，收到的增值税专用发票上注明的材料价款为 150 000 元，增值税进项税额为 19 500 元，款项已通过银行转账支付；本期支付应付票据 100 000 元；购买工程用物资 150 000 元，货款已通过银行转账支付，计算本期购买商品、接受劳务支付的现金。

解：本期购买商品、接受劳务支付的现金计算如下：

本期购买原材料支付的价款	150 000
加：本期购买原材料支付的增值税进项税额	19 500
本期支付的应付票据	100 000
本期购买商品、接受劳务支付的现金	269 500

⑥“支付给职工以及为职工支付的现金”项目，反映企业以现金的形式支付给职工的薪酬和为职工支付的其他现金。该项目应反映企业支付给职工的工资、奖金及各种补贴等，以及为职工支付的养老保险、医疗保险、失业保险、工伤保险、生育保险和住房公积金等其他费用，还有企业代扣代缴的职工个人所得税等。企业支付给离退休人员的各项费用和支付给在建工程人员的工资以及为其支付的各项费用不应在该项目中反映，应分别在“支付的其他与经营活动有关的现金”项目和“购建固定资产、无形资产和其他长期资产支付的现金”项目中反映。该项目应根据“库存现金”“银行存款”“应付职工薪酬”等明细账账户的记录分析填列。

练习 2-26

某企业为增值税一般纳税人，20×9 年 1 月发生如下经济业务，计算该经济业务对企业编制的现金流量表中“支付给职工以及为职工支付的现金”项目的影响数。

a. 企业本月实际支付工资以及各种奖金、津贴共计 1 000 000 元，包括在建工程人员工资 100 000 元。

b. 企业本月支付除在建工程人员以外的职工养老保险、医疗保险、失业保险、工伤保险、生育保险共计 400 000 元。

c. 企业本月支付除在建工程人员以外的职工住房公积金 100 000 元。

d. 企业本月为本企业离退休人员支付各项费用 200 000 元。

e. 企业支付除在建工程人员以外的职工困难补助 100 000 元。

解：“支付给职工以及为职工支付的现金”项目“本期金额”栏金额＝a（1 000 000－100 000）＋b 400 000＋c100 000＋e100 000＝1 500 000（元）

---

⑦“支付的各项税费”项目，反映企业实际向税务机关缴纳的各种税费。该项目应反映企业支付当期、当期支付以前各期发生的和当期预交的各项税费。如支付的增值税、企业所得税、城市维护建设税、教育费附加、印花税、房产税、土地增值税、车船使用税等。计入固定资产成本的耕地占用税不在该项目中反映，而应在“购建固定资产、无形资产和其他长期资产支付的现金”项目中反映。收到的本期退回的各项税费不应在该项目反映，而应在“收到的税费返还”项目中反映。该项目应根据“库存现金”“银行存款”“应交税费”等明细账账户的记录分析填列。计算公式为：

支付的各项税费＝（应交所得税期初余额＋当期所得税费用－应交所得税期末余额）＋支付的税金及附加＋应交税费——应交增值税（已交税金）

练习 2-27

ABC 公司本期向税务机关缴纳增值税税额 34 000 元；本期发生的所得税税额 3 100 000 元已悉数缴纳；公司期初未交所得税税额 280 000 元；期末未交所得税税额 120 000 元。计算本期支付的各项税费。

解：本期支付的各项税费核算如下：

本期付出的增值税税额	34 000
加：本期发生并缴纳的所得税税额	3 100 000

前期发生本期缴纳的所得税税额（280 000－120 000）	160 000
支付的各项税费	3 294 000

⑧“支付的其他与经营活动有关的现金”项目，反映企业支付的与“购买商品、接受劳务支付的现金”、“支付给职工以及为职工支付的现金”和“支付的各项税费”无关，但是与企业的经营活动有关的现金流出。如企业支付的罚款支出、经营性租赁而形成的租金、差旅费支出、业务招待费支出、保险费支出等。

该项目应根据“库存现金”“银行存款”“管理费用”“销售费用”“营业外支出”等明细账账户的记录分析填列。

⑨“经营活动现金流出小计”项目，反映企业因经营活动而形成的现金流出量的合计金额。该项目应根据“购买商品、接受劳务支付的现金”项目、“支付给职工以及为职工支付的现金”项目、“支付的各项税费”项目和“支付的其他与经营活动有关的现金”项目的“本期金额”栏金额合计填列。计算公式为：

“经营活动现金流出小计”项目“本期金额”栏金额＝“购买商品、接受劳务支付的现金”项目“本期金额”栏金额＋“支付给职工以及为职工支付的现金”项目“本期金额”栏金额＋“支付的各项税费”项目“本期金额”栏金额＋“支付的其他与经营活动有关的现金”项目“本期金额”栏金额

⑩“经营活动现金流量净额”项目，反映企业因经营活动而形成的现金净流量的金额。该项目应根据“经营活动现金流入小计”项目减去“经营活动现金流出小计”项目的净额计算填列。若“经营活动现金流入小计”的金额大于“经营活动现金流出小计”的金额，形成经营活动现金净流入，应以“＋”号填列；若“经营活动现金流入小计”的金额小于“经营活动现金流出小计”的金额，形成经营活动现金净流出，则应以“－”号填列。计算公式为：

“经营活动现金流量净额”项目“本期金额”栏金额＝“经营活动现金流入小计”项目“本期金额”栏金额－“经营活动现金流出小计”项目“本期金额”栏金额

（2）填列投资活动产生的现金流量有关项目

①“收回投资收到的现金”项目，反映企业出售、转让或到期收回除现金等价物以外的权益投资或债权投资而收回的现金。债权性投资收回的本金应在该项目中反映，但是收回的利息不应在该项目中反映而应在“取得投资收益收到的现金”项目中反映。处置子公司及其他营业单位收到的现金净额，也不应在该项目中反映，而应在“处置子公司及其他营业单位收到的现金净额”项目中反映。该项目应根据“库存现金”“银行存款”“其他货币资金”“交易性金融资产”“投资性房地产”“持有至到期投资”“可供出售金融资产”“长期股权投资”等明细账账户的记录分析填列。

②“取得投资收益收到的现金”项目，反映企业因股权性投资而从被投资单位分得的现金股利，从子公司、联营企业或合营企业分回的现金形式的利润以及因债权性投资而取得的利息收入。该项目应根据“库存现金”“银行存款”“其他货币资金”“应收股利”“应收利息”“投资收益”等明细账账户的记录分析填列。

③“处置固定资产、无形资产和其他长期资产收回的现金净额”项目，反映企业处置固定资产、无形资产和其他长期资产所取得的现金流入，减去为处置这些资产而发生的现金流出后的现金净额。若处置固定资产、无形资产和其他长期资产所收回的现金净额为负数，则不应在该项目中反映，而

应在“支付的其他与投资活动有关的现金”项目中反映。该项目应根据“库存现金”“银行存款”“固定资产清理”等明细账账户的记录分析填列。

④“处置子公司及其他营业单位收到的现金净额”项目，反映企业处置子公司及其他营业单位所取得的现金减去子公司或其他营业单位持有的现金和现金等价物以及相关处置费用后的净额。若处置子公司及其他营业单位收到的现金净额为负数，则不应在该项目中反映，而应在“支付的其他与投资活动有关的现金”项目中反映。该项目应根据“库存现金”“银行存款”“长期股权投资”等明细账账户的记录分析填列。

⑤“收到的其他与投资活动有关的现金”项目，反映企业收到的与“收回投资收到的现金”、“取得投资收益收到的现金”、“处置固定资产、无形资产和其他长期资产收回的现金净额”和“处置子公司及其他营业单位收到的现金净额”无关，但是与企业的投资活动有关的现金流入。如收回融资租赁设备本金等。该项目应根据“库存现金”“银行存款”“其他货币资金”“长期应收款”等明细账账户的记录分析填列。

⑥“投资活动现金流入小计”项目，反映企业因投资活动而形成的现金流入量的合计金额。该项目应根据“收回投资收到的现金”项目、“取得投资收益收到的现金”项目、“处置固定资产、无形资产和其他长期资产收回的现金净额”项目、“处置子公司及其他营业单位收到的现金净额”项目和“收到的其他与投资活动有关的现金”项目的“本期金额”栏金额合计填列。计算公式为：

“投资活动现金流入小计”项目“本期金额”栏金额＝“收回投资收到的现金”项目“本期金额”栏金额＋“取得投资收益收到的现金”项目“本期金额”栏金额＋“处置固定资产、无形资产和其他长期资产收回的现金净额”项目“本期金额”栏金额＋“处置子公司及其他营业单位收到的现金净额”项目“本期金额”栏金额＋“收到的其他与投资活动有关的现金”项目“本期金额”栏金额

练习 2-28

某企业为增值税一般纳税人，20×9 年 10 月发生如下经济业务，计算该经济业务对企业编制的现金流量表中投资活动形成的现金流入各个项目的影响数。

a. 企业将持有的 3 个月以内到期的债券（交易性金融资产）出售，收回本金 250 000 元，债券利息 5 000 元，均存入银行。

b. 企业将持有的股票（交易性金融资产）出售，该股票本金为 1 000 000 元，投资收益 200 000 元，均存入银行。

c. 企业将一项长期债权性投资出售，该债券本金为 3 000 000 元，收回全部投资额 3 300 000 元，300 000 元为债券利息。

d. 企业因调整投资策略，出售一项长期股权投资，该投资本金 10 000 000 元，转让收到 9 000 000 元存入银行。

e. 企业在持股期间，实际收到被投资企业发放的现金股利 300 000 元，存入银行。

f. 企业出售一项非专利技术，收到价款 2 000 000 元存入银行，该非专利技术账面原值为 4 000 000 元，已计提摊销 2 500 000 元。

g. 企业报废机器设备一台，该机器原价 1 200 000 元，已计提折旧 1 000 000 元，以现金支付清理费用 50 000 元，以现金收取残值变价收入 200 000 元，该设备已清理完毕。

解："收回投资收到的现金"项目"本期金额"栏金额＝b（1 000 000＋200 000）＋c 3 000 000＋d 9 000 000＝13 200 000（元）

"取得投资收益收到的现金"项目"本期金额"栏金额＝a 5 000＋c 300 000＋e 300 000＝605 000（元）

"处置固定资产、无形资产和其他长期资产收回的现金净额"项目"本期金额"栏金额＝f 2 000 000＋g（200 000－50 000）＝2 150 000（元）

"投资活动现金流入小计"项目"本期金额"栏金额＝13 200 000＋605 000＋2 150 000＝15 955 000（元）

---

⑦"购建固定资产、无形资产和其他长期资产支付的现金"项目，反映企业因购买、建造固定资产，取得无形资产和其他长期资产而实际支付的现金。该项目还应反映企业支付的购买工程用材料物资，在建工程和无形资产应负担的职工薪酬形成的现金流出。购建固定资产、无形资产和其他长期资产应予以资本化的借款利息，融资性租赁固定资产支付的租金以及分期付款购买固定资产支付的分期款项不应在该项目反映，而应分别在"分配股利、利润或偿付利息所支付的现金"项目和"支付的其他与筹资活动有关的现金"项目中反映。该项目应根据"库存现金""银行存款""固定资产""在建工程""工程物资""无形资产"等明细账账户的记录分析填列。

⑧"投资支付的现金"项目，反映企业取得除现金等价物以外的权益性投资和债权性投资所支付的现金。该项目应反映企业购买股票、债券或基金的买价以及支付的佣金、手续费等交易费用。取得子公司及其他营业单位支付的现金，不应在该项目中反映，而应在"取得子公司及其他营业单位支付的现金净额"项目中反映。该项目应根据"库存现金""银行存款""其他货币资金""交易性金融资产""持有至到期投资""可供出售金融资产""长期股权投资"等明细账账户的记录分析填列。

⑨"取得子公司及其他营业单位支付的现金净额"项目，反映企业为取得子公司及其他营业单位而支付的现金，减去子公司或其他营业单位持有的现金和现金等价物之后的净额。若取得子公司及其他营业单位支付的现金净额为负数，则不应在该本项目中反映，而应在"收到其他与投资活动有关的现金"项目中反映。该项目应根据"库存现金""银行存款""其他货币资金""长期股权投资"等明细账账户的记录分析填列。

⑩"支付的其他与投资活动有关的现金"项目，反映企业支付的与"购建固定资产、无形资产和其他长期资产支付的现金""投资支付的现金""取得子公司及其他营业单位支付的现金净额"无关，但是与企业的投资活动有关的现金流出。该项目应根据"银行存款""其他货币资金""应收股利""应收利息"等明细账账户的记录分析填列。

⑪"投资活动现金流出小计"项目，反映企业因投资活动而形成的现金流出量的合计金额。该项目应根据"购建固定资产、无形资产和其他长期资产支付的现金"项目、"投资支付的现金"项目、"取得子公司及其他营业单位支付的现金净额"项目和"支付的其他与投资活动有关的现金"项目的"本期金额"栏金额合计填列。计算公式为：

"投资活动现金流出小计"项目"本期金额"栏金额＝"购建固定资产、无形资产和其他长期资产支付的现金"项目"本期金额"栏金额＋"投资支付的现金"项目"本期金额"栏金额＋"取得子公司及其他营业单位支付的现金净额"项目"本期金额"栏金额＋"支付的其他与投资活动有关的现金"项目"本期金额"栏金额

⑫“投资活动产生的现金流量净额”项目，反映企业因投资活动而形成的现金净流量的金额。该项目应根据“投资活动现金流入小计”项目减去“投资活动现金流出小计”项目的净额填列。若“投资活动现金流入小计”的金额大于“投资活动现金流出小计”的金额，形成投资活动现金净流入，应以“+”号填列；若“投资活动现金流入小计”的金额小于“投资活动现金流出小计”的金额，形成投资活动现金净流出，则应以“-”号填列。计算公式为：

“投资活动现金流量净额”项目“本期金额”栏金额=“投资活动现金流入小计”项目“本期金额”栏金额-“投资活动现金流出小计”项目“本期金额”栏金额

练习 2-29

某企业为增值税一般纳税人，20×9 年 10 月发生如下经济业务，计算该经济业务对企业编制的现金流量表中投资活动形成的现金流出各个项目的影响数。

a. 企业购入随时准备变现的股票，共支付买价 1 000 000 元，税金及手续费 30 000 元，从股票账户扣除。

b. 企业购入准备长期持有的按年付息的 8 年期债券，该债券的票面金额为 2 000 000 元，票面利率 10%，企业实际支付 2 240 000 元，其中税金及手续费 240 000 元，以银行存款支付。

c. 企业购入不需安装的生产用设备 1 台，取得增值税专用发票列明设备价款为 1 000 000 元，增值税税额为 130 000 元，包装费及运杂费 10 000 元，款项均以银行存款支付，设备已经交付使用。

d. 企业购入生产线建设用材料一批，取得增值税专用发票列明材料价款为 2 000 000 元，增值税税额为 260 000 元，已通过转账支票支付。

e. 在建生产线领用上述材料物资价值 2 000 000 元。

f. 支付在建工程人员的工资共计 500 000 元。

g. 计算工程应负担的长期借款利息 200 000 元，该项借款利息已用银行存款支付。

h. 工程完工并交付使用，固定资产价值 2 700 000 元。

i. 企业购入某公司股票 600 000 股并准备长期持有，占该公司发行在外普通股股数的 60%，实际支付的买价 720 600 元，另支付税金及手续费 30 000 元，上述款项以银行存款支付。

解：“购建固定资产、无形资产和其他长期资产支付的现金”项目“本期金额”栏金额=c（1 000 000+130 000+10 000）+d（2 000 000+260 000）+f 500 000=3 900 000（元）

“投资支付的现金”项目“本期金额”栏金额=a（1 000 000+30 000）+b 2 240 000=3 270 000（元）

“取得子公司及其他营业单位支付的现金净额”项目“本期金额”栏金额=i（720 600+30 000）=750 600（元）

“投资活动现金流出小计”项目“本期金额”栏金额=3 900 000+3 270 000+750 600=7 920 600（元）

（3）填列筹资活动产生的现金流量有关项目

①“吸收投资收到的现金”项目，反映企业收到的投资者投入的现金净额。该项目应反映企业发行股票和发行债券的发行收入扣除支付给发行商的佣金、手续费等发行费用后的净额。企业因发行股票、债券等方式筹集资金而支付的审计、咨询等费用，不应在该项目中反映，而应在“支付的其他与筹资活动有关的现金”项目中反映。该项目应根据“库存现金”“银行存款”“实收资本（或股

本）”“资本公积”“应付债券”等明细账账户的记录分析填列。

②“借款收到的现金”项目，反映企业向银行等金融机构借入各种短期借款或长期借款而收到的现金。该项目应根据“银行存款”“短期借款”“长期借款”等明细账账户的记录分析填列。

③“收到的其他与筹资活动有关的现金”项目，反映收到的与“吸收投资收到的现金”和“借款收到的现金”无关，但是与企业的筹资活动有关的现金流入。如企业收到的现金形式的捐赠等。该项目应根据“库存现金”“银行存款”“营业外收入”等明细账账户的记录分析填列。

④“筹资活动现金流入小计”项目，反映企业因筹资活动而形成的现金流入量的合计金额。该项目应根据“吸收投资收到的现金”项目、“借款收到的现金”项目和“收到的其他与筹资活动有关的现金”项目的“本期金额”栏金额合计填列。计算公式为：

“筹资活动现金流入小计”项目“本期金额”栏金额＝“吸收投资收到的现金”项目“本期金额”栏金额＋“借款收到的现金”项目“本期金额”栏金额＋“收到的其他与筹资活动有关的现金”项目“本期金额”栏金额

练习 2-30

某企业为增值税一般纳税人，20×9 年 10 月发生如下经济业务，计算该经济业务对企业编制的现金流量表中筹资活动形成的现金流入各个项目的影响数。

a. 企业增发股票 1 000 000 股，每股面值 1 元，发行价格每股 4 元，发行手续费 40 000 元从发行收入扣除，企业已将取得的发行净收入存入银行。

b. 企业从银行取得 6 个月的借款，金额为 100 000 元，已划入企业的基本存款账户。

c. 企业经批准发行 4 年期债券，债券面值 100 元，共发行 20 000 张。债券的实际发行价格为 2 200 000 元，证券公司按发行收入的 2%计提手续费，手续费直接从发行收入中扣除。由证券公司代为支付宣传费及印刷费共计 10 000 元，从发行收入中扣除。企业另以转账支票支付的发行债券而发生的审计费 5 000 元。企业已收到发行债券的款项净额并存入银行。

d. 企业从银行取得 4 年期的借款，金额为 100 000 元，已划入企业的基本存款账户。

e. 企业接受现金捐赠 80 000 元存入银行。

解：“吸收投资收到的现金”项目“本期金额”栏金额＝a（1 000 000×4－40 000）＋c.（2 200 000－2 200 000×2%－10 000）＝3 960 000＋2 146 000＝6 106 000（元）

“借款收到的现金”项目“本期金额”栏金额＝b 100 000＋d 100 000＝200 000（元）

“收到的其他与筹资活动有关的现金”项目＝e 80 000（元）

“筹资活动现金流入小计”项目“本期金额”栏金额＝6 106 000＋200 000＋80 000 ＝6 386 000（元）

⑤“偿还债务支付的现金”项目，反映企业以现金的形式偿还债务的本金。该项目反映企业归还银行等金融结构的借款本金和偿付企业到期的债券本金等。但是企业偿还的借款或债券的利息不应在该项目中反映，而应在“分配股利、利润或偿付利息所支付的现金”项目中反映。该项目应根据“银行存款”“短期借款”“长期借款”“交易性金融负债”“应付债券”等明细账账户的记录分析填列。

⑥“分配股利、利润或偿付利息所支付的现金”项目，反映企业实际支付的现金股利、支付给

其他投资单位的现金形式的利润以及用现金支付的借款利息、债券利息。该项目应根据“库存现金”“银行存款”“应付股利”“应付利息”“利润分配”“财务费用”“制造费用”“在建工程”“研发支出”等明细账账户的记录分析填列。

⑦“支付的其他与筹资活动有关的现金”项目，反映支付的与“偿还债务支付的现金”和“分配股利、利润或偿付利息所支付的现金”无关，但是与企业的筹资活动有关的现金流出。如企业因发行股票、债券等方式筹集资金而支付的审计、咨询等费用，融资性租赁固定资产而支付的租金、以分期付款方式购建固定资产以后各期支付的现金等。该项目应根据“库存现金”“银行存款”“长期应付款”等明细账账户的记录分析填列。

⑧“筹资活动现金流出小计”项目，反映企业因筹资活动而形成的现金流出量的合计金额。该项目应根据“偿还债务支付的现金”项目、“分配股利、利润或偿付利息所支付的现金”项目和“支付的其他与筹资活动有关的现金”项目的“本期金额”栏金额合计填列。计算公式为：

“筹资活动现金流出小计”项目“本期金额”栏金额＝“偿还债务支付的现金”项目“本期金额”栏金额＋“分配股利、利润或偿付利息所支付的现金”项目“本期金额”栏金额＋“支付的其他与筹资活动有关的现金”项目“本期金额”栏金额

⑨“筹资活动产生的现金流量净额”项目，反映企业因筹资活动而形成的现金净流量的金额。该项目应根据“筹资活动现金流入小计”项目减去“筹资活动现金流出小计”项目的净额计算填列。若“筹资活动现金流入小计”的金额大于“筹资活动现金流出小计”的金额，形成筹资活动现金净流入，应以“＋”号填列；若“筹资活动现金流入小计”的金额小于“筹资活动现金流出小计”的金额，形成筹资活动现金净流出，则应以“－”号填列。计算公式为：

“筹资活动现金流量净额”项目“本期金额”栏金额＝“筹资活动现金流入小计”项目“本期金额”栏金额－“筹资活动现金流出小计”项目“本期金额”栏金额

练习 2-31

某企业为增值税一般纳税人，20×9 年 10 月发生如下经济业务，计算该经济业务对企业编制的现金流量表中筹资活动形成的现金流出各个项目的影响数。

a. 企业核算长期借款的利息，其中可予以资本化的利息为 1 000 000 元，予以费用化的利息为 400 000 元。

b. 企业以银行存款支付上述长期借款的利息 1 400 000 元。

c. 企业发放股票股利 500 000 股，每股面值 1 元，市场价格 2 元。

d. 企业宣告分配并支付现金股利 1 000 000 元。

e. 企业归还短期借款本金 5 000 000 元，利息 70 000 元。

f. 企业支付本期融资租入固定资产的租金 1 200 000 元。

g. 企业发行的债券到期，支付本金 1 000 000 元，利息 50 000 元。

解：“偿还债务支付的现金”项目“本期金额”栏金额 ＝e 5 000 000＋g 1 000 000＝6 000 000（元）

“分配股利、利润或偿付利息所支付的现金”项目“本期金额”栏金额＝b 1 400 000＋d 1 000 000＋e 70 000＋g 50 000＝2 520 000（元）

“支付的其他与筹资活动有关的现金”项目“本期金额”栏金额＝f 1 200 000（元）

“筹资活动现金流出小计”项目“本期金额”栏金额＝6 000 000＋2 520 000＋1 200 000＝9 720 000（元）

（4）填列汇率变动对现金及现金等价物的影响额项目

反映企业外币现金流量及境外子公司的现金流量折算成人民币时，所采用的是现金流量发生日的汇率或即期汇率的近似汇率，而现金流量表“现金及现金等价物净增加额”项目中外币现金净增加额是按资产负债表日的即期汇率折算。这两者的差额即为汇率变动对现金的影响。在实务中，这一影响额可以采用倒挤法、逐笔法等计算确定。现举例说明。

①倒挤法。由于外币交易所引起的现金流量已按发生日的汇率或平均汇率折算，外币现金及现金等价物增减净额已按报告期期末汇率进行了调整，并且两者都反映在现金流量表中，因此，其计算公式为：

汇率变动对外币现金及现金等价物的影响额＝外币现金及现金等价物净增加额－（经营活动产生的现金流量净额＋投资活动产生的现金流量净额＋筹资活动产生的现金流量净额）

倒挤法的适用有一个前提，即表内“经营活动产生的现金流量净额”“投资活动产生的现金流量净额”“筹资活动产生的现金流量净额”“外币现金及现金等价物净增加额”四个数字的计算必须准确，否则将“汇率变动对外币现金及现金等价物的影响额”作为一个平衡项目就倒挤计算不了。

②逐笔法。当外币业务不多，并且用现金流量发生日的汇率折算外币现金流量时，可以逐笔计算汇率变动对外币现金及现金等价物的影响。计算公式为：

“汇率变动对现金及现金等价物的影响额”项目“本期金额”栏金额＝汇率变动对现金流入的影响金额－汇率变动对现金流出的影响金额＝∑外币现金流入金额×（资产负债表日即期汇率－收汇日即期汇率）－∑外币现金流出金额×（资产负债表日即期汇率－结汇日即期汇率）

练习 2-32

某企业20×9年10月10日出口商品一批，售价300 000美元，收汇当日汇率为1∶6.78，20×9年10月17日进口货物一批，价值2 000 000美元，结汇当日汇率1∶6.68，20×9年10月22日出口货物一批，售价500 000美元，收汇当日汇率为1∶6.58。20×9年10月31日的人民币对美元即期汇率为1∶6.58。计算该企业20×9年10月现金流量表“汇率变动对现金及现金等价物的影响额”项目“本期金额”栏的金额。

解：“汇率变动对现金及现金等价物的影响额”项目“本期金额”栏金额

＝300 000×（6.58－6.78）＋500 000×（6.58－6.58）－2 000 000×（6.58－6.68）＝140 000（元）

（5）填列现金及现金等价物净增加额项目

反映企业经营活动、投资活动和筹资活动形成的现金流量净额的合计数。该项目应根据“经营活动产生的现金流量净额”项目、“投资活动产生的现金流量净额”项目和“筹资活动产生的现金流量净额”项目的“本期金额”栏的金额合计填列。计算公式为：

“现金及现金等价物净增加额”项目“本期金额”栏金额＝“经营活动产生的现金流量净额”项

目“本期金额”栏金额＋“投资活动产生的现金流量净额”项目“本期金额”栏金额＋“筹资活动产生的现金流量净额”项目“本期金额”栏金额

（6）填列期末现金及现金等价物余额项目

反映企业编报现金流量表的期末所拥有的现金和现金等价物的余额。该项目应根据“期初现金及现金等价物余额”项目加上“现金及现金等价物净增加额”项目的“本期金额”栏的合计金额填列。计算公式为：

“期末现金及现金等价物余额”项目“本期金额”栏金额 ＝“期初现金及现金等价物余额”项目“本期金额”栏金额＋“现金及现金等价物净增加额”项目“本期金额”栏金额

（三）编制现金流量表附注

现金流量表附注中披露的补充资料包括净利润调整为经营活动的现金流量、不涉及现金收支的重大投资和筹资活动、现金及现金等价物净变动情况三部分。

企业现金流量表主表采用直接法反映经营活动的现金流量，同时，在附注中采用间接法反映经营活动产生的现金流量。间接法，是指以企业本期净利润为起算点，通过调整不涉及现金的收入和费用、营业外收支以及经营性应收应付等项目的增减变动，调整不属于经营活动的现金收支项目，据此计算并列报经营活动产生的现金流量的方法。现金流量表补充资料是对现金流量表采用直接法反映的经营活动现金流量进行核对和补充说明。

采用间接法列报经营活动产生的现金流量时，需要对四大类项目进行调整：一是实际没有支付现金的费用；二是实际没有收到现金的收益；三是不属于经营活动的损益；四是经营性应收应付项目的增减变动。

企业利润表中反映的净利润是以权责发生制为基础核算的，而且包括了投资活动和筹资活动的收入和费用。将净利润调节为经营活动的现金流量，就是要按收付实现制的原则，将净利润按各项目调整为现金净流入，并且要剔除投资和筹资活动对现金流量的影响。对这些项目的调整过程，就是按间接法编制经营活动现金流量表的过程。

1. 净利润调整为经营活动的现金流量

将净利润调节为经营活动的现金流量是以净利润为基础，因为净利润是现金净流入的主要来源，但净利润与现金净流入并不相等，所以需要在净利润基础上，将净利润调整为现金净流入。在净利润基础上进行调整的项目主要包括以下几种。

（1）“计提的资产减值准备”项目

企业计提的各项资产减值准备，包括坏账准备、存货跌价准备以及各项长期资产的减值准备等已经计入了“资产减值损失”科目，期末结转到“本年利润”账户，从而减少了净利润。但是计提资产减值准备，并不需要支付现金，即没有减少现金流量。所以应将计提的各项资产减值准备，在净利润基础上予以加回。本项目应根据“资产减值损失”账户的记录分析填列。

（2）“固定资产折旧”项目

工业加工企业计提的固定资产折旧，一部分增加了产品的成本，另一部分增加了期间费用（如管理费用、销售费用等），计入期间费用的部分直接减少了净利润，计入产品成本的部分，一部分转入了主营业务成本，也直接冲减了净利润；产品尚未变现的部分，折旧费用加到了存货成本中，存货的增加是作为现金流出进行调整的。而实际上全部的折旧费用并没有发生现金流出。所以，应在净利润的基础上将折旧的部分予以加回。本项目应根据“累计折旧”账户的贷方发生额分析填列。

（3）“无形资产摊销”项目

企业的无形资产摊销是计入管理费用的，所以冲减了净利润。但无形资产摊销并没有发生现金流出。所以无形资产当期摊销的价值，应在净利润的基础上予以加回。该项目可根据“累计摊销”账户的记录分析填列。

（4）“长期待摊费用摊销”项目

长期待摊费用的摊销与无形资产摊销一样，已经计入了损益，但没有发生现金流出，所以项目应在净利润的基础上予以加回。

（5）“处置固定资产、无形资产和其他长期资产的损失”项目

处置固定资产、无形资产和其他长期资产发生的损益，属于投资活动产生的损益，不属于经营活动产生的损益，但却影响了当期净利润。所以在将净利润调节为经营活动现金流量时应予以剔除。如为净损失，应当予以加回；如为净收益，应予以扣除，即用“—”号列示。本项目可根据“营业外收入”“营业外支出”等账户所属明细账户的记录分析填列。

（6）“固定资产报废损失”项目

本项目反映企业当期固定资产盘亏后的净损失（或盘盈后的净收益）。企业发生固定资产盘亏盘盈损益，属于投资活动产生的损益，不属于经营活动产生的损益，但却影响了当期净利润。所以在将净利润调节为经营活动现金流量时应予以剔除。如为净损失，应当予以加回；如为净收益，应予以扣除，即用“—”号列示。本项目可根据“资产处置损益”“营业外收入”“营业外支出”等账户所属明细账户的记录分析填列。

（7）“公允价值变动损失”项目

该项目反映企业持有的交易性金融资产、交易性金融负债、采用公允价值模式计量的投资性房地产等公允价值变动形成的净损失。因为公允价值变动损失影响了当期净利润，但并没有发生现金流出，所以应进行调整。如为净收益以“—”号列示。本项目可根据“公允价值变动损益”科目所属有关明细科目的记录分析填列。

（8）“财务费用”项目

一般企业，财务费用主要是借款发生的利息支出（减存款利息收入）。财务费用属于筹资活动发生的现金流出，而不属于经营活动的现金流量。但财务费用作为期间费用，已直接计入了企业经营损益。影响了净利润。所以在将净利润调节为经营活动现金流量时应予以剔除。财务费用如为借方余额，应予以加回；如为贷方余额，应予以扣除。本项目应根据利润表“财务费用”项目填列。

（9）“投资损失”项目

企业发生的投资损益，属于投资活动的现金流量，不属于经营活动的现金流量。但投资损失，已直接计入了企业当期利润，影响了净利润。所以在将净利润调节为经营活动现金流量时应予以剔除。如为投资净损失，应当予以加回；如为投资净收益，应予以扣除，即用“—”号列示。该项目可根据利润表中“投资收益”项目的金额填列。

（10）“递延所得税资产减少”项目

该项目反映企业资产负债表“递延所得税资产”项目的期初余额与期末余额的差额。递延所得税资产的减少增加了所得税费用，减少了利润。而递延所得税资产的减少并没有增加现金流出。所以应在净利润的基础上予以加回。相反，如果是递延所得税资产增加，则应用“—”号填列。本项目

可以根据“递延所得税资产”科目分析填列。

（11）“递延所得税负债增加”项目

递延所得税负债的增加，增加了当期所得税费用，但并没有因此增加现金流流出，所以应在净利润的基础上予以加回。相反，如果是递延所得税负债减少，则应用“－”号填列。

（12）“存货的减少”项目

企业当期存货减少，说明本期经营中耗用的存货，有一部分是期初的存货，这部分存货当期没有发生现金流出，但在计算净利润时已经进行了扣除。所以在将净利润调节为经营活动现金流量时应当予以加回。

如果期末存货比期初增加，说明当期购入的存货除本期耗用外还剩余一部分。这部分存货已经发生了现金流出，但这部分存货没有减少净利润。所以在将净利润调节为经营活动现金流量时应予以扣除。即用“－”号列示。

总之，存货的减少，应视为现金的增加，应予以加回现金流量；存货的增加，应视为现金的减少，应予以扣除现金流量。该项目可根据资产负债表“存货”项目的期初、期末数之间的差额填列。

（13）“经营性应收项目的减少”项目

经营性应收项目的减少（如应收账款、应收票据、其他应收款等项目中与经营活动有关的部分的减少），说明本期收回的现金大于利润表中确认的主营业务收入，即将上期实现的收入由本期收回了现金，形成了本期的现金流入，但净利润却没有增加。所以在将净利润调节为经营活动现金流量时，将本期经营性应收项目减少的部分应予以加回。

但上述各应收项目如果增加，即经营性各应收项目的期末余额大于期初余额，则表明本期的销售收入中有一部分没有收回，从而减少了现金的流入，在将净利润调节为经营活动现金流量时应予以扣除。本项目应根据各应收项目账户所属的明细账户的记录分析填列。

（14）“经营性应付项目的增加”项目

经营性应付项目的增加（如应付账款、应付票据、应付职工薪酬、应付福利费、应交税费、其他应付款等项目中与经营活动有关的部分的增加），说明本期购入的存货中有一部分没有支付现金，净利润不变，但现金流出减少了，从而现金流量肯定增加了。所以在将净利润调节为经营活动现金流量时，将本期经营性应付项目增加的部分应予以加回。

如果上述经营性应付项目减少，即期末余额小于期初余额，说明除将本期购入的存货全部付款以外，还支付了上期的应付款项，所以现金流出增加了，现金净流量减少了。在将净利润调节为经营活动现金流量时，将本期经营性应付项目减少的部分应予以扣除。本项目应根据各应付项目账户所属的明细账户的记录分析填列。

2. 不涉及现金收支的重大投资和筹资活动

不涉及现金收支的重大投资和筹资活动，反映企业一定时期内影响资产或负债但是不会影响现金流量的投资和筹资活动的信息。这些投资和筹资活动虽然不会影响现在的现金流量，但是对企业以后期间的现金流量会产生重大影响。

（1）“债务转为资本”项目

“债务转为资本”项目，反映企业通过债务重组转为资本的债务金额。若企业通过债务重组，将未来需要偿还的债务转为资本，企业就无须支付债务的本金和利息，减少了未来的现金流出。

（2）“一年内到期的可转换公司债券”项目

“一年内到期的可转换公司债券”项目，反映企业发行的将于一年内到期的可转换公司债券。若投资者将可转换公司债券转换为股票，企业就无须支付债券的本金和利息，减少了未来的现金流出。

（3）“融资租入固定资产”项目

“融资租入固定资产”项目，反映企业本期融资性租赁租入的固定资产。企业融资租入固定资产，不需要一次性支付固定资产的价款，只需要支付租金，减少了本期的现金流出，但是形成了未来的一项固定的现金流出。

3. 现金及现金等价物净变动情况

现金及现金等价物净变动情况，应根据资产负债表中“货币资金”项目和“交易性金融资产”明细账户的期初余额、期末余额分析填列。

三、编制现金流量表的案例分析

承接编制资产负债表案例分析（二）小题的案例分析：

（一）项目计算

1. 经营活动形成的现金流量

（1）现金流入项目

①“销售商品、提供劳务收到的现金”项目

“销售商品、提供劳务收到的现金”项目“本期金额”栏金额＝⑬7 910 000＋⑭2 000 000＋㉔510 000＋㉙2 625 000＝13 045 000（元）

②“经营活动现金流入小计”项目

“经营活动现金流入小计”项目“本期金额”栏金额＝13 045 000（元）

（2）现金流出项目

①“购买商品、接受劳务支付的现金”项目

“购买商品、接受劳务支付的现金”项目“本期金额”栏金额＝①1 000 000＋②1 695 000＋④（1 130 000－2 260）＝3 822 740（元）

②“支付给职工以及为职工支付的现金”项目

“支付给职工以及为职工支付的现金”项目“本期金额”栏金额＝⑰（5 000 000－2 000 000）＝3 000 000（元）

③“支付的各项税费”项目

“支付的各项税费”项目“本期金额”栏金额＝㉛1 020 000＋㊶636 750＝1 656 750（元）

④“支付的其他与经营活动有关的现金”项目

“支付的其他与经营活动有关的现金”项目“本期金额”栏金额＝㉒900 000＋㉕100 000＋㉗100 000＝1 100 000（元）

⑤“经营活动现金流出小计”项目

“经营活动现金流出小计”项目“本期金额”栏金额＝3 822 740＋3 000 000＋1 656 750＋1 100 000＝9 579 490（元）

（3）现金净流量

“经营活动产生的现金流量净额”项目“本期金额”栏金额＝“经营活动现金流入小计”项目“本期金额”栏金额－“经营活动现金流出小计”项目“本期金额”栏金额＝13 045 000－9 579 490＝3 465 510（元）

2. 投资活动形成的现金流量

（1）现金流入项目

①“收回投资收到的现金”项目

“收回投资收到的现金”项目“本期金额”栏金额＝⑥165 000（元）

②“处置固定资产、无形资产和其他长期资产收回的现金净额”项目

“处置固定资产、无形资产和其他长期资产收回的现金净额”项目“本期金额”栏金额＝⑪（8 000－5 000）＋⑮3 000 000＝3 003 000（元）

③“投资活动现金流入小计”项目

“投资活动现金流入小计”项目“本期金额”栏金额＝165 000＋3 003 000＝3 168 000（元）

（2）现金流出项目

①“购建固定资产、无形资产和其他长期资产支付的现金”项目

“购建固定资产、无形资产和其他长期资产支付的现金”项目“本期金额”栏金额＝⑦977 111＋⑧1 500 000＋⑰2 000 000＝4 477 111（元）

②“投资支付的现金”项目

“投资支付的现金”项目“本期金额”栏金额＝⑯1 050 000（元）

③“投资活动现金流出小计”项目

“投资活动现金流出小计”项目“本期金额”栏金额＝4 477 111＋1 050 000＝5 527 111（元）

（3）现金净流量

“投资活动产生的现金流量净额”项目“本期金额”栏金额＝“投资活动现金流入小计”项目“本期金额”栏金额－“投资活动现金流出小计”项目“本期金额”栏金额＝3 168 000－5 527 111＝－2 359 111（元）

3. 筹资活动形成的现金流量

（1）现金流入项目

①“取得借款收到的现金”项目

“取得借款收到的现金”项目“本期金额”栏金额＝⑫10 000 000（元）

②“筹资活动现金流入小计”项目

“筹资活动现金流入小计”项目“本期金额”栏金额＝10 000 000（元）

（2）现金流出项目

①“偿还债务支付的现金”项目

“偿还债务支付的现金”项目“本期金额”栏金额＝㉞2 500 000＋㊱10 000 000＝12 500 000（元）

②“分配股利、利润或偿付利息支付的现金”项目

“分配股利、利润或偿付利息支付的现金”项目“本期金额”栏金额＝㉟2 100 000（元）

③“筹资活动现金流出小计”项目

“筹资活动现金流出小计”项目“本期金额”栏金额＝12 500 000＋2 100 000＝14 600 000（元）

（3）现金净流量

“筹资活动产生的现金流量净额”项目“本期金额”栏金额＝“筹资活动现金流入小计”项目“本期金额”栏金额－“筹资活动现金流出小计”项目“本期金额”栏金额＝10 000 000－14 600 000＝－4 600 000（元）

4. 现金及现金等价物净增加额

“现金及现金等价物净增加额”项目“本期金额”栏金额＝“经营活动产生的现金流量净额”项目“本期金额”栏金额＋“投资活动产生的现金流量净额”项目“本期金额”栏金额＋“筹资活动产生的现金流量净额”项目“本期金额”栏金额＝3 465 510－2 359 111－4 600 000＝－3 493 601（元）

5. 期末现金及现金等价物余额

“期末现金及现金等价物余额”项目“本期金额”栏金额＝“期初现金及现金等价物余额”项目“本期金额”栏金额＋“现金及现金等价物净增加额”项目“本期金额”栏金额＝14 063 000－3 493 601＝10 569 399（元）

（二）编制现金流量表（表 2-26）

表 2-26　现金流量表

编制单位：ABC 股份有限公司　　　　20×9 年度　　　　单位：元

项目	本期金额	上期金额
一、经营活动产生的现金流量：		
销售商品、提供劳务收到的现金	13 045 000	
收到的税费返还	—	
收到其他与经营活动有关的现金	—	
经营活动现金流入小计	13 045 000	
购买商品、接受劳务支付的现金	3 822 740	
支付给职工以及为职工支付的现金	3 000 000	
支付的各项税费	1 656 750	
支付其他与经营活动有关的现金	1 100 000	
经营活动现金流出小计	9 579 490	
经营活动产生的现金流量净额	3 465 510	
二、投资活动产生的现金流量：		
收回投资收到的现金	165 000	
取得投资收益收到的现金	—	
处置固定资产、无形资产和其他长期资产收回的现金净额	3 003 000	
处置子公司及其他营业单位收到的现金净额	—	
收到其他与投资活动有关的现金	—	

续表

项目	本期金额	上期金额
投资活动现金流入小计	3 168 000	
购建固定资产、无形资产和其他长期资产支付的现金	4 477 111	
投资支付的现金	1 050 000	
取得子公司及其他营业单位支付的现金净额	—	
支付其他与经营活动有关的现金	—	
投资活动现金流出小计	5 527 111	
投资活动产生的现金流量净额	−2 359 111	
三、筹资活动产生的现金流量：		
吸收投资收到的现金	—	
取得借款收到的现金	10 000 000	
收到其他与筹资活动有关的现金	—	
筹资活动现金流入小计	10 000 000	
偿还债务支付的现金	12 500 000	
分配股利、利润或偿付利息支付的现金	2 100 000	
支付其他与筹资活动有关的现金	—	
筹资活动现金流出小计	14 600 000	
筹资活动产生的现金流量净额	−4 600 000	
四、汇率变动对现金及现金等价物的影响	—	
五、现金及现金等价物净增加额	−3 493 601	
加：期初现金及现金等价物余额	14 063 000	
六、期末现金及现金等价物余额	10 569 399	

四、阅读现金流量表

（一）现金流量表主表项目的阅读

1. 现金流量的组成

企业的现金流量有两种形式，即现金流入量与现金流出量。现金流入量与现金流出量的差额为现金净流量。现金流量表主要由三部分组成，分别反映企业在经营活动、投资活动和筹资活动中产生的现金流量。每一种活动产生的现金流量又分别揭示流入、流出总额，使会计信息更具明晰性和有用性。

（1）经营活动产生的现金流量，包括购销商品、提供和接受劳务、经营性租赁、缴纳税款、支付劳动报酬、支付经营费用等活动形成的现金流入和流出。

（2）筹资活动产生的现金流量，包括吸收投资、发行股票、分配利润、发行债券、向银行贷款、偿还债务等收到和付出的现金。

（3）投资活动产生的现金流量，主要包括购建和处置固定资产、无形资产等长期资产以及取得和收回不包括在现金等价物范围内的各种股权与债权投资等收到和付出的现金。

2. 现金流量表的主要项目释义

现金流量表的主要项目共有六项，分别是经营活动产生的现金流量、投资活动产生的现金流量、筹资活动产生的现金流量、汇率变动对现金及现金等价物的影响、现金及现金等价物净增加额、期末现金及现金等价物余额。结合主要项目予以以下解释。

经营活动产生的现金流量：

（1）现金流入量

①销售商品和提供劳务收到的现金。本项目反映企业本年销售商品、提供劳务收到的现金，以及以前年度销售商品、提供劳务本年收到的现金（包括应向购买者收取的增值税销项税额）和本年预收的款项，减去本年销售本年退回商品和以前年度销售本年退回商品支付的现金。企业销售材料和代购代销业务收到的现金，也在本项目反映。

②收到的税费返还。本项目反映企业收到返还的所得税、增值税、消费税、关税和教育费附加等各种税费返还款。

③收到的其他与经营活动有关的现金。本项目反映企业经营租赁收到的租金等其他与经营活动有关的现金流入，金额较大的应当单独列示。

（2）现金流出量

①购买商品和接受劳务所支付的现金。本项目反映企业本年购买商品、接受劳务实际支付的现金（包括增值税进项税额），以及本年支付以前年度购买商品、接受劳务的未付款项和本年预付款项，减去本年发生的购货退回收到的现金。

②支付给职工以及为职工支付的现金。本项目反映企业本年实际支付给职工的工资、奖金、各种津贴和补贴等职工薪酬（包括代扣代缴的职工个人所得税）。

③支付的各项税费。本项目反映企业本年发生并支付、以前各年发生本年支付以及预交的各项税费，包括所得税、增值税、消费税、印花税、房产税、土地增值税、车船使用税、教育费附加等。

④支付其他与经营活动有关的现金。这项现金支付是反映除了前面提到的项目之外的现金支出，包括企业经营租赁支付的租金、支付的差旅费、业务招待费、保险费、罚款支出等其他与经营活动有关的现金流出，金额较大的应当单独列示。

（3）净额

经营活动的总流入量减去经营活动的总流出量，就是经营活动给企业带来的最终结果，即净额。如果净额是正的，表示这个企业增加了现金；如果是负的，表示从期初到期末，这个企业不但没有增加现金，反而减少了现金。

投资活动产生的现金流量：

（1）现金流入量

①收回投资所收到的现金。本项目反映企业出售、转让或到期收回除现金等价物以外的对其他企业长期股权投资而收到的现金，但处置子公司及其他营业单位收到的现金净额除外。

②取得投资收益所收到的现金。取得投资收益所收到的现金是指企业投资期间每年在投资收益上获得了多少钱，反映企业当年除现金等价物以外的对其他企业的长期股权投资等分回的现金股利和利息等。

③处置固定资产、无形资产和其他长期资产所收到的现金。本项目反映企业出售、报废固定资产、无形资产和其他长期资产所取得的现金（包括因资产毁损而收到的保险赔偿收入），减去为处置

这些资产而支付的有关费用后的净额。

④处置子公司及其他营业单位收到的现金净额。本项目反映企业处置子公司及其他营业单位所取得的现金，减去相关处置费用以及子公司及其他营业单位持有的现金和现金等价物后的净额。该项目没有发生额，表明该公司近两年均没有发生处置子公司及其他营业单位的经济活动。

⑤收到其他的投资活动有关的现金。本项目反映企业在投资活动方面收到的除上面四项以外事项所取得的现金。该项目没有发生额，表明该公司近两年均没有发生其他方面的投资活动的现金流入。

（2）现金流出量

①购建固定资产、无形资产和其他长期资产所支付的现金。本项目反映企业购买、建造固定资产、取得无形资产和其他长期资产所支付的现金（含增值税税款等），以及用现金支付的应由在建工程和无形资产负担的职工薪酬。

②投资所支付的现金。本项目反映企业取得除现金等价物以外的对其他企业的长期股权投资所支付的现金以及支付的佣金、手续费等附加费用，但取得子公司及其他营业单位支付的现金净额除外。

③取得子公司及其他营业单位支付的现金净额。本项目反映企业购买子公司及其他营业单位购买出价中以现金支付的部分，减去子公司及其他营业单位持有的现金和现金等价物后的净额。

④支付其他与投资活动有关的现金。本项目反映企业除上述三项目外支付的其他与投资活动有关的现金，金额较大的应当单独列示。

（3）净额

投资活动的现金流入量减去投资活动的现金流出量，所得到的结果就是投资活动给企业增加的现金量，即净额。该项目数据为负数，表明投资活动产生的现金流量为净流出。

筹资活动产生的现金流量：

（1）现金流入量

①吸收投资收到的现金。本项目反映企业以发行股票、债券等方式筹集资金实际收到的款项，减去直接支付的佣金、手续费、宣传费、咨询费、印刷费等发行费用后的净额。

②借款所收到的现金。本项目反映企业举借各种短期、长期借款而收到的现金。

③收到的其他与筹资活动有关的现金。不属于吸收投资者入资，也不属于借款但属于筹资活动的，就是收到的其他与投资活动有关的现金。该项目数据为空，表明近两年没有其他筹资活动的现金流入。

（2）现金流出量

①偿还债务所支付的现金。本项目反映企业为偿还债务本金而支付的现金。

②分配股利或偿付利息所支付的现金。本项目反映企业实际支付的现金股利、支付给其他投资单位的利润或用现金支付的借款利息、债券利息。

③支付的其他与筹资活动有关的现金。反映企业除上述两项目外支付的其他与筹资活动有关的现金，金额较大的应当单独列示。

（3）筹资活动产生的现金流量净额

用筹资活动的流入量总和减去流出量总和，就得到了筹资活动产生的现金流量净额。该项目数据是正数，表明筹资活动产生的现金流量为净流入。

汇率变动对现金及现金等价物的影响：

该项目反映外币现金流量以及境外子公司的现金流量折算为人民币时，所采用的现金流量发生日的即期汇率或按照系统合理的方法确定的、与现金流量发生日即期汇率近似的汇率折算的人民币金额与“现金及现金等价物净增加额”中外币净增加额按期末汇率折算的人民币金额之间的差额。具体来讲就是反映下列项目之间的差额。

①企业外币现金流量折算为记账本位币时，采用现金流量发生日的即期汇率近似的汇率折算的金额（编制合并现金流量表时折算境外子公司的现金流量，应当比照处理）。

②企业外币现金及现金等价物净增加额按年末汇率折算的金额填列。该项数据为负数，表示汇率变动对应时期现金及现金等价物的影响为负面影响，影响额有所扩大。

（二）现金流量表补充资料项目的阅读

现金流量表补充资料中“将净利润调节为经营活动的现金流量”，实际上是以间接法编制的经营活动的现金流量。间接法是以净利润为出发点，通过对若干项目的调整，最终计算确定经营活动产生的现金流量。

1. 计提的资产减值准备项目

资产减值准备项目包括坏账准备、存货跌价准备、短期投资跌价准备、长期投资减值准备、固定资产减值准备和无形资产减值准备等。本期资产计提减值准备时，记入当期的利润表中的“损益类”项目，但实际上并未影响经营活动现金流量，因此，应在净利润的基础上进行调整，当计提资产减值准备时，应将其加回到净利润中，若恢复以前年度计提的减值准备，应从净利润中将其扣除。

2. 固定资产折旧项目

企业计提固定资产折旧时，有的计入期间费用，有的计入制造费用。计入期间费用部分已列入了利润表，计入制造费用部分则可能通过销售成本列入利润表，也可能形成企业的存货。企业计提的固定资产折旧，并不影响经营活动现金流量，应在净利润的基础上将其全部加回。当计提的固定资产折旧费包含在存货中时，虽然未影响净利润，但是增加了存货，这里也将其加回，然后在“存货的减少（减：增加）”项目中再将其相同净额扣除，形成自动平衡。

3. 无形资产摊销和长期待摊费用摊销项目

无形资产摊销时，计入了管理费用，使本期净利润减少，应在净利润的基础上将其全部加回。长期待摊费用摊销时，计入了管理费用或制造费用等。本项目的确定原理与固定资产折旧项目相同，应在净利润的基础上将其全部加回。

4. 待摊费用的减少（减：增加）项目

本项目反映由于经营活动影响的待摊费用的增减变化，待摊费用减少一般会增加费用，减少净利润，应在净利润的基础上加回；待摊费用增加一般会减少现金或存货等，应从净利润中扣除。但由于投资活动和筹资活动业务影响的待摊费用的增加或减少业务，则不应考虑。

5. 预提费用的增加（减：减少）项目

本项目反映由于经营活动影响的预提费用的增减变化，预提费用增加一般会增加费用，减少净利润，应在净利润的基础上加回；预提费用减少一般会减少现金或存货等，应从净利润中扣除。但由于投资活动和筹资活动业务影响的预提费用的增加或减少业务，则不应考虑，如预提短期借款利息等。

6. 处置固定资产、无形资产和其他长期资产的损失（减：收益）项目

处置固定资产、无形资产和其他长期资产业务，不会影响经营活动产生的现金流量的增减变化，若导致净利润和经营活动产生的现金流量净额不一致，一定是这种业务影响了净利润。因此，应在净利润的基础上加回或扣除。

7. 固定资产报废损失项目

固定资产报废损失计入了营业外支出，使净利润减少，但这部分损失并没有影响经营活动现金流量，所以应在调节净利润时加回。固定资产的盘盈和盘亏的处置，也会影响净利润，也应在净利润基础上加回或扣除。

8. 财务费用项目

企业发生的财务费用可以分别归属于经营活动、投资活动和筹资活动。对属于经营活动产生的财务费用，若既影响净利润又影响经营活动现金流量的业务，则不需进行调整；若影响净利润但不影响经营活动现金流量的业务，应通过调整经营性项目本身完成，如应收票据贴现业务，计入“财务费用”账户的金额应通过调整“经营性应收项目的减少（减：增加）”项目完成。对属于投资活动和筹资活动产生的财务费用，只影响净利润，但不影响经营活动现金流量，应在净利润的基础上进行调整。也就是说，与投资活动和筹资活动有关的财务费用应全额考虑，与经营活动有关的财务费用不予考虑。

9. 投资损失（减：收益）项目

投资收益是因为投资活动所引起的，与经营活动无关。也就是说，该项目影响净利润的变化但不会影响经营活动现金流量。若为投资收益，调节净利润时应减去；若为投资损失，调节净利润时应加回。本项目不考虑投资计提减值准备影响的净利润。

10. 递延税款贷项（减：借项）项目

递延税款贷项或借项，在一般情况下会对当期所得税费用产生影响。应纳税时间性差异产生的递延税款贷项，是由于计入当期所得税费用的金额大于当期应交所得税而产生的，并不会发生现金流出，但在计算净利润时已经扣除，所以在将净利润调节为经营活动产生的现金流量时，应当加回。可抵减时间性差异产生的递延税款借项，是由于计入当期所得税费用的金额小于当期应交所得税而产生的，已经发生现金流出，但在计算净利润时没有包括在内，所以在将净利润调节为经营活动产生的现金流量时，应当扣除。

11. 存货的减少（减：增加）项目

存货的增减变动一般属于经营活动。存货增加，说明现金减少或经营性应付项目增加；存货减少，说明销售成本增加，净利润减少。所以在调节净利润时，应减去存货的增加数，或加上存货的减少数。在存在赊购的情况下，还应通过调整经营性应付项目的增减变动来反映赊购对现金流量的影响。若存货的增减变动不属于经营活动，则不能对其进行调整，如对外投资减少的存货，接受投资者投入的存货等业务。

12. 经营性应收项目的减少（减：增加）项目

经营性应收项目主要是指应收账款、应收票据和其他应收款中与经营活动有关的部分（包括应收的增值税销项税额）等。经营性应收项目的增减变动一般属于经营活动。经营性应收项目增加，说明收入增加，净利润增加；经营性应收项目减少，说明现金增加。所以在调节净利润时，应减去经营性应收项目的增加数，或加上经营性应收项目的减少数。若经营性应收项目的增减变动不属于经营活动，则不能对其进行调整，如收到客户以固定资产抵债业务减少的应收账款等业务。

13. 经营性应付项目的增加（减：减少）项目

经营性应付项目主要是指应付账款、应付票据、应付福利费、应交税费、其他应付款中与经营活动有关的部分（包括应付的增值税进项税额）等。经营性应付项目的增减变动一般属于经营活动。

经营性应付项目增加，说明存货增加，最终导致销售成本增加，净利润减少。经营性应付项目减少，说明现金减少。所以在调节净利润时，应加上经营性应付项目的增加数，或减去经营性应付项目的减少数，若经营性应付项目的增减变动不属于经营活动，则不能对其进行调整，如债务重组业务中以固定资产抵债减少的应付账款等业务。

模块七 所有者权益变动表的编制

一、认知所有者权益变动表

（一）所有者权益变动表的概念

所有者权益变动表又称股东权益变动表。反映构成所有者权益的各组成部分当期的增减变动情况的报表。

所有者权益变动表应当全面反映一定时期所有者权益变动的情况，不仅包括所有者权益总量的增减变动，还包括所有者权益增减变动的重要结构性信息，有助于报表使用者理解所有者权益增减变动的根源。

（二）所有者权益变动表列报的总体要求

所有者权益指企业资产扣除负债后由所有者享有的剩余权益。来源包括：所有者投入的资本（包括实收资本和资本溢价等资本公积）、其他综合收益、留存收益（包括盈余公积和未分配利润）等。

（三）所有者权益变动表的格式

以矩阵的形式列示所有者权益变动表：

（1）列示导致所有者权益变动的交易或事项，按所有者权益变动的来源对一定时期所有者权益变动情况进行全面反映。

（2）按照所有者权益各组成部分（包括实收资本、资本公积、其他综合收益、盈余公积、未分配利润、库存股等）及其总额列示相关交易或事项对所有者权益的影响。

一般企业所有者权益变动表的格式如表 2-27 所示。

表 2-27　所有者权益变动表

编制单位：　　　　　　　　　　××年度　　　　　　　　　　单位：元

项目	本年金额							上年金额						
	实收资本（或股本）	资本公积	减：库存股	其他综合收益	盈余公积	未分配利润	所有者权益合计	实收资本（或股本）	资本公积	减：库存股	其他综合收益	盈余公积	未分配利润	所有者权益合计
一、上年年末余额														
加：会计政策变更														

续表

项目	本年金额							上年金额						
	实收资本（或股本）	资本公积	减:库存股	其他综合收益	盈余公积	未分配利润	所有者权益合计	实收资本（或股本）	资本公积	减:库存股	其他综合收益	盈余公积	未分配利润	所有者权益合计
前期差错更正														
二、本年年初余额														
三、本年增减变动金额(减少以“－”号填列)														
(一)综合收益总额														
(二)所有者投入和减少资本														
1. 所有者投入资本														
2. 股份支付计入所有者权益的金额														
3. 其他														
(三)利润分配														
1. 提取盈余公积														
2. 对所有者(或股东)的分配														
3. 其他														
(四)所有者权益内部结转														
1. 资本公积转增资本(或股本)														
2. 盈余公积转增资本(或股本)														
3. 盈余公积弥补亏损														
4. 其他														
四、本年年末余额														

（四）所有者权益变动表的作用

1. 通过所有者权益变动表，可以提供更加全面的会计信息

企业编制的所有者权益变动表应全面反映一定时期所有者权益变动的情况，既包括所有者权益总量的增减变动情况，也包括所有者权益变动的结构性信息，便于信息使用者全面了解企业所有者

权益的状况。

2. 通过所有者权益变动表，可以提供更加详细的会计信息

企业编制的所有者权益变动表是以矩阵的方式列示所有者权益具体内容的增减变动情况，使得信息使用者对企业所有者权益每一个项目的变动原因和金额一目了然，便于信息使用者了解详细企业所有者权益的状况。

3. 通过所有者权益变动表，可以提供更加全方位反映企业经营业绩的会计信息

企业编制的所有者权益变动表，不仅使用历史成本反映企业已经实现的收益或损失，还可以使用公允价值反映企业未实现的收益或损失，便于信息使用者更加全方位地分析企业的经营业绩。

二、所有者权益变动表的编制原理和方法

所有者权益变动表各项目分为“本年金额”和“上年金额”两大栏。

“上年金额”栏各项目——根据上年本表的“本年金额”栏填列。

（一）上年年末余额

本项目的金额应根据上年资产负债表中“实收资本（或股本）”“资本公积”“其他综合收益”“盈余公积”“未分配利润”等项目的年末余额填列。

（二）会计政策变更和前期差错更正

分别反映企业因根据《企业会计准则》进行会计政策变更和前期差错更正而产生的影响所有者权益的金额，包括对盈余公积和未分配利润项目金额的影响。

应根据“盈余公积”“利润分配”“以前年度损益调整”等科目的发生额分析填列，并在“上年年末余额”的基础上调整得出“本年年初余额”项目。

（三）本年年初余额

反映在进行了会计政策变更和前期差错更正后的上年年末所有者权益的余额。如果没有发生会计政策变更和前期差错更正，则“本年年初余额”和“上年年末余额”栏相等。

（四）本年增减变动金额

“本年增减变动金额”项目分别反映如下内容。

1. “综合收益总额”项目

根据当年利润表中“其他综合收益的税后净额”和“净利润”项目填列，并对应列在“其他综合收益”和“未分配利润”栏。

2. “所有者投入和减少资本”项目

其中：

（1）“所有者投入资本”项目。根据“实收资本”“资本公积”等科目的发生额分析填列，并对应列在“实收资本”和“资本公积”栏。

（2）“股份支付计入所有者权益的金额”项目。反映企业处于等待期中的权益结算的股份支付当年计入资本公积的金额，应根据“资本公积”科目所属的“其他资本公积”二级科目的发生额分析

填列，并对应列在“资本公积”栏。

3. “利润分配”下各项目

其中：

(1)“提取盈余公积”项目——根据“盈余公积”“利润分配”科目的发生额分析填列。

(2)“对所有者（或股东）的分配”项目——根据“利润分配”科目的发生额分析填列。

4. “所有者权益内部结转”下各项目

反映不影响当年所有者权益总额的所有者权益各组成部分之间当年的增减变动。包括：资本公积转增资本（或股本）、盈余公积转增资本（或股本）、盈余公积弥补亏损等。其中：

(1)“资本公积转增资本（或股本）”项目。反映企业以资本公积转增资本或股本的金额，应根据“实收资本”“资本公积”等科目的发生额分析填列。

(2)“盈余公积转增资本（或股本）”项目。反映企业以盈余公积转增资本或股本的金额，应根据“实收资本”“盈余公积”等科目的发生额分析填列。

(3)“盈余公积弥补亏损”项目。反映企业以盈余公积弥补亏损的金额，应根据“盈余公积”“利润分配”等科目的发生额分析填列。

5. 本年年末余额

“本年年末余额”项目，是在所有者权益本年年初余额的基础上，加上（或减去）本年增减变动金额计算得出的。

【提示】本项目的金额应当与所有者权益各项目的本年年末余额相等。

所有者权益变动表各项目数字的确定与利润分配表和涉及所有者权益的业务紧密相关。企业应当根据上年度所有者权益变动表“本年金额”栏内所列数字填列本年度“上年金额”栏内各项数字。

三、编制所有者权益变动表的案例分析

承接编制资产负债表的案例：

沿用资产负债表、利润表数据，编制ABC股份有限公司20×9年度的所有者权益变动表，如表2-28所示（说明：由于给出的ABC股份有限公司的资料有限，只编制了20×9年度的“本年金额”）。

表2-28 所有者权益变动表

编制单位：ABC股份有限公司　　20×9年度　　单位：元

项目	本年金额							上年金额						
	实收资本（或股本）	资本（或股本）溢价	减：库存股	其他综合收益	盈余公积	未分配利润	所有者权益合计	实收资本（或股本）	资本(或股本)溢价	减:库存股	其他综合收益	盈余公积	未分配利润	所有者权益合计
一、上年年末余额	50 000 000	0	0	0	1 000 000	500 000	51 500 000							
加：会计政策变更														
前期差错更正														

续表

项目	本年金额							上年金额						
	实收资本（或股本）	资本（或股本）溢价	减：库存股	其他综合收益	盈余公积	未分配利润	所有者权益合计	实收资本（或股本）	资本(或股本)溢价	减:库存股	其他综合收益	盈余公积	未分配利润	所有者权益合计
二、本年年初余额	50 000 000	0	0	0	1 000 000	500 000	51 500 000							
三、本年增减变动金额(减少以“－”号填列)														
(一)综合收益总额						2 033 650	2 033 650							
(二)所有者投入和减少资本														
1. 所有者投入资本														
2. 股份支付计入所有者权益的金额														
3. 其他														
(三)利润分配														
1. 提取盈余公积					203 365	－203 365								
2. 对所有者(或股东)的分配														
3. 其他														
(四)所有者权益内部结转														
1. 资本公积转增资本(或股本)														
2. 盈余公积转增资本(或股本)														
3. 盈余公积弥补亏损														
4. 其他														
四、本年年末余额	50 000 000	0	0		1 203 365	2 330 285	53 533 650							

四、阅读所有者权益表

所有者权益变动表以矩阵形式列示：纵向显示所有者权益变动的来源（或原因）和变动结果的汇总；横向显示所有者权益变动的缘由对所有者各构成成分的影响。

（一）本年度发生的调整项

包括本期会计政策与前期不一致而采用追溯调整法处理的会计政策变更的累计影响数和采用追溯调整重述法处理的会计差错更正的累计影响金额。

（二）本年度的经营结果，即净利润或净亏损

净利润是构成所有者权益最大的、最主要的、最稳定的来源。本年度净利润直接增加本年度所有者权益总额（如果是净亏损则直接降低所有者权益总额），并对利润分配中提取盈余公积产生影响。

拓展阅读

净利润与所有者权益变动额之关系

净利润与所有者权益变动额之关系可以用下列公式表示：

净利润

+其他综合收益净额

+会计政策和会计差错更正的累计影响金额

+股东投入的资本

－向股东分配的利润

－提取盈余公积

＝本期所有者权益变动额

（三）其他综合收益

反映企业根据会计准则规定未在损益中确认的其他利得和损失扣除所得税影响后的净额。

（1）可供出售金融资产、投资性房地产等的公允价值变动而扣除递延所得税影响后的金额；

（2）按权益法核算的，自被投资单位因其他权益变动导致所有者权益变动与所有者投入资本无关的利得和损失的金额而按相应比例确认的部分。

（四）所有者投入和减少资本

这一项对所有者权益构成中的三个部分形成影响，会增加或减少实收资本和资本公积，减少资本会增加企业的库存股。这一项同样也会增加或减少所有者权益总额。

（五）利润分配

1. 利润分配下的提取盈余公积

提取盈余公积并不影响所有者权益总额，但影响所有者权益的构成。

2. 利润分配下的对所有者的分配

如果分配的是现金股利通常会减少所有者权益总额；如果分配的是股票股利只会引起所有者权益内部构成的不同。

考察企业的利润分配，可以观察企业是否遵循利润分配的有关法规，有没有遵循资本保全规定等。

（六）所有者权益的内部结转

（1）资本公积转增资本，会减少资本公积，增加实收资本或股本；

（2）盈余公积转增资本，会减少盈余公积，增加实收资本或股本；

（3）盈余公积弥补亏损，会减少盈余公积，增加未分配利润。

拓展阅读

所有者权益变动表记录两类影响所有者权益的事项

（1）增加或减少所有者权益的事项，这类事项影响所有者权益某一两项，进而影响所有者权益的总额；

（2）对所有者权益的总额不构成影响，但对所有者权益构成造成影响。所有者权益又称为净资产，对投资者来说，净资产的增加就意味投资的增值，如何增加净资产，最为重要的还是净利润的持续增长。

模块八　财务报表附注

一、财务报表附注的格式

（一）财务报表附注简介

（1）财务报表附注是为了便于财务报表使用者理解财务报表的内容而对财务报表的编制基础、编制依据、编制原则和方法及主要项目等所作的说明。

（2）财务报表附注是财务报表不可或缺的重要组成部分，是资产负债表、利润表、现金流量表和所有者权益变动表等报表中列示项目的文字描述或明细资料以及对未能在这些报表中列示项目的说明等。

（3）报表使用者要了解企业的财务状况、经营成果和现金流量，应当全面阅读附注。

（二）财务报表附注的格式——五种

财务报表附注的五种格式如图 2-2 所示。

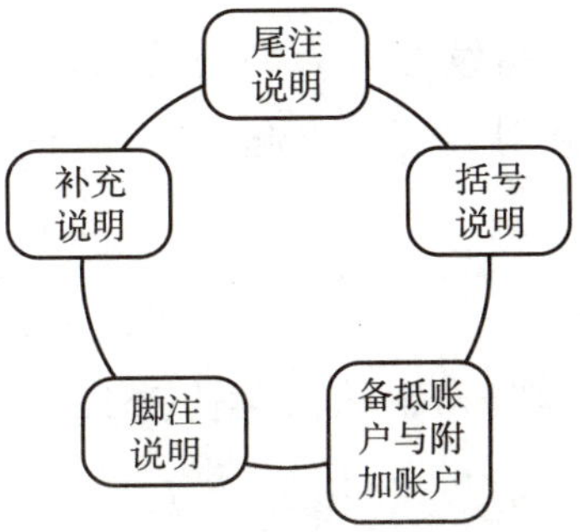

图 2-2　财务报表附注的五种格式

1. 尾注说明

这是附注的主要编制形式，一般适用于说明内容较多的项目。

2. 括号说明

用于为财务报表主体内提供补充信息，因为它把补充信息直接纳入财务报表主体。

优点：显得更直观，不易被人忽视。

缺点：包含内容过短。

3. 备抵账户与附加账户

设立备抵与附加账户，在财务报表附注中单独列示，能够为财务报表使用者提供更多有意义的信息，这种形式目前主要是指坏账准备等账户的设置。

4. 脚注说明

脚注说明是指在报表下端进行的说明。例如，说明已贴现的商业承兑汇票和已包括在固定资产原价内的融资租入的固定资产原价等。

5. 补充说明

有些无法列入财务报表主体中的详细数据、分析资料，可用单独的补充报表进行说明，如可利用补充报表的形式来揭示关联方的关系和交易等内容。

二、财务报表附注包含的内容

（一）企业基本情况

企业基本情况包括：企业（单位）名称、企业（单位）代码、法定代表人、联系电话、详细地址、行政区划代码、邮政编码、企业登记注册类型、国有控股情况、企业规模、行业代码、上年主营业务收入、上年末从业人员和企业主要业务活动等。

（二）财务报表的编制基础、主要会计政策、会计估计和前期差错

企业应当以持续经营为基础编制财务报表，这一点在附注中要加以说明。主要会计政策、会计估计和前期差错这一部分主要涉及：公司目前执行的会计准则和会计制度、会计年度、记账本位币、记账基础和计价原则、外币业务的核算方法及折算方法、现金及现金等价物的确定标准、短期投资、应收款项、存货、长期投资、委托贷款、固定资产、在建工程、无形资产、长期待摊费用、应付债券、借代费用、预计负债、递延收益、收入确认原则、建造合同和租赁所得税的会计处理方法。

1. 财务报表的编制基础

（1）编制基础。本公司财务报表以持续经营为编制基础。

（2）持续经营。本公司不存在导致对报告期末起 12 个月内的持续经营假设产生重大疑虑的事项或情况。

2. 重要会计政策及会计估计

具体会计政策和会计估计提示：本公司根据实际生产经营特点针对应收款项坏账准备计提、固

定资产折旧、无形资产摊销、收入确认等交易或事项制定了具体的会计政策和会计估计。

（1）遵循企业会计准则的声明。本公司所编制的财务报表符合企业会计准则的要求，真实、完整地反映了公司的财务状况、经营成果、股东权益变动和现金流量等有关信息。

（2）会计期间。本公司会计年度自公历1月1日起至12月31日止。

（3）营业周期。公司经营业务的营业周期较短，以12个月作为资产和负债的流动性划分标准。

（4）记账本位币。本公司的记账本位币为人民币。

（5）合并财务报表的编制方法。母公司将其控制的所有子公司纳入合并财务报表的合并范围。合并财务报表以母公司及其子公司的财务报表为基础，根据其他有关资料，由母公司按照《企业会计准则第33号——合并财务报表》编制。

（6）现金及现金等价物的确定标准。现金等价物是指企业持有的期限短（一般指从购买日起3个月内到期）、流动性强、易于转换为已知金额现金、价值变动风险很小的投资，如图2-3所示。

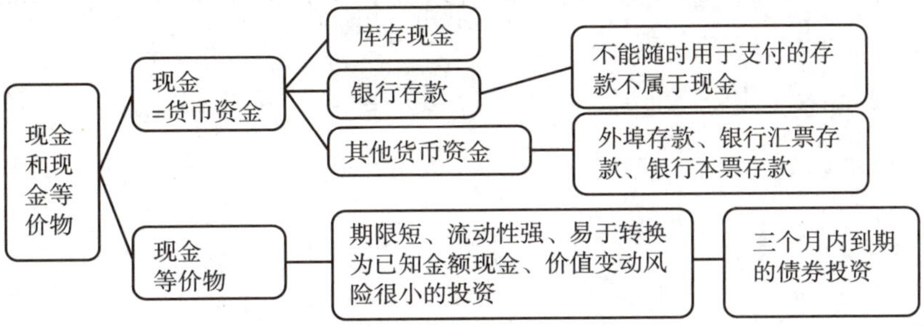

图2-3　现金及现金等价物的确定标准

在财务报表附注中“财务报表的编制基础”“遵循企业会计准则的声明”“会计期间”“记账本位币”这几部分内容所有公司几乎相同。

拓展阅读

我国《企业会计准则》规定，会计期间一般应从公历1月1日开始，12月31日结束，又称会计年度。会计年度是以年度为单位进行会计核算的时间区间，是反映单位财务状况、核算经营成果的时间界限。中国香港和美国很多上市公司财政年度并不相同，所以阅读中国香港或美国上市公司财务报表时需注意。

（三）税项

税项这部分主要是关于企业税项情况的说明。

如ABC股份有限公司20×9年度财务报表附注中关于主要税种及税率的说明，如表2-29所示。

表2-29　主要税种及税率

税种	计税依据	税率
增值税	销售货物或提供应税劳务	13.00%

续表

税种	计税依据	税率
消费税		
城市维护建设税	应交流转税额	5.00%、7.00%
企业所得税	应纳税所得税额	25.00%
房产税	从价计征的，按房产原值一次减除25%后余值的1.2%计缴；从租计征的，按租金收入的12%计缴	1.20%、12.00%
教育费附加	应交流转税额	3.00%
地方教育附加	应交流转税额	2.00%

（四）企业合并及合并财务报表的说明

合并财务报表是指用以综合反映以产权纽带关系而构成的企业集团某一期间或地点整体财务状况、经营成果和资金流转情况的财务报表。

合并财务报表由企业集团中的控股公司（母公司）于会计年度终了编制，主要服务于母公司的股东和债权人。

拓展阅读

一般情况下，如果控股公司持有子公司半数以上表决权，就应该将子公司纳入合并财务报表的范围；对持有半数以下表决权的参股公司报表不能合并。如有特殊情况，需在企业合并及合并财务报表中说明。

企业合并及合并财务报表部分主要包括的内容如下。

（1）子公司情况；

（2）特殊目的的主体或通过受托经营或承租等方式形成控制权的经营实体；

（3）合并范围发生变更的说明；

（4）本期新纳入合并范围的主体和本期不再纳入合并范围的主体；

（5）本期发生的同一控制下企业合并；

（6）本期发生的非同一控制下企业合并；

（7）本期出售丧失控制权而减少子公司；

（8）本期发生的反向购买；

（9）本期发生的吸收合并；

（10）境外经营实体主要报表项目的折算汇率；

（11）合并范围发生变更的说明。

（五）合并财务报表主要项目注释

对基本财务报表中各会计科目细节的说明。

（六）股份支付

股份支付指企业为获取职工和其他方提供服务而授予权益工具或者承担以权益工具为基础确定的负债的交易。

（七）关联方及关联交易

《企业会计准则》规定，一方控制、共同控制另一方或对另一方施加重大影响，以及两方或两方以上同受一方控制、共同控制的，构成关联方。

拓展阅读

下列各方构成企业的关联方。

（1）该企业的母公司。

（2）该企业的子公司。

（3）与该企业受同一母公司控制的其他企业。

（4）对该企业实施共同控制的投资方。

（5）对该企业施加重大影响的投资方。

（6）该企业的合营企业。

（7）该企业的联营企业。

（8）该企业的主要投资者个人及与其关系密切的家庭成员。主要投资者个人，是指能够控制、共同控制一个企业或者对一个企业施加重大影响的个人投资者。

（9）该企业或其母公司的关键管理人员及与其关系密切的家庭成员。关键管理人员，是指有权力并负责计划、指挥和控制企业活动的人员。与主要投资者个人或关键管理人员关系密切的家庭成员，是指在处理与企业的交易时可能影响该个人或受该个人影响的家庭成员。

（10）该企业主要投资者个人、关键管理人员或与其关系密切的家庭成员控制、共同控制或施加重大影响的其他企业。

关联交易是指企业关联方之间的交易，关联交易是企业运作中经常出现的而又容易发生不公平结果的交易。

（八）或有事项

或有事项指过去的交易或者事项形成的，其结果须由某些未来事件的发生或不发生才能决定的不确定事项。

（九）承诺事项

承诺事项指公司对外签订的合同中所做出的对外承诺，包括重大承诺事项和前期承诺履行情况。

（十）资产负债表日后事项

资产负债表日后事项指资产负债表日至财务报告批准报出日之间发生的有利或不利事项，包括资产负债表日后调整事项和资产负债表日后非调整事项。

资产负债表日后调整事项指对资产负债表日已经存在的情况提供了新的或进一步证据的事项。包括：

（1）资产负债表日后诉讼案件结案，法院判决证实了企业在资产负债表日已经存在现时义务，需要调整原先确认的与该诉讼案件相关的预计负债，或确认一项新负债；

（2）资产负债表日后取得确凿证据，表明某项资产在资产负债表日发生了减值或者需要调整该项资产原先确认的减值金额；

（3）资产负债表日后进一步确定了资产负债表日前购入资产的成本或售出资产的收入；

（4）资产负债表日后发现了财务报表舞弊或差错。

资产负债表日后非调整事项指表明资产负债表日后发生的情况的事项。包括：

（1）资产负债表日后发生重大诉讼、仲裁、承诺；

（2）资产负债表日后资产价格、税收政策、外汇汇率发生重大变化；

（3）资产负债表日后因自然灾害导致资产发生重大损失；

（4）资产负债表日后发行股票和债券以及其他巨额举债；

（5）资产负债表日后资本公积转增资本；

（6）资产负债表日后发生巨额亏损；

（7）资产负债表日后发生企业合并或处置子公司。

（十一）其他重要事项说明

其他重要事项说明是对公司财务报表的数据结果具有重要影响的其他事项的说明。包括：非货币性资产交换、债务重组、企业合并、租赁、期末发行在外的可转换为股份的金融工具、以公允价值计量的资产和负债、外币金融资产和外币金融负债、年金计量主要内容及重大变化、其他需要披露的重要事项。

（十二）母公司财务报表主要项目注释

对母公司财务报表项目的补充说明。

（十三）补充资料

补充资料是企业认为应该对外披露和说明的补充性资料，并不是监管部门强制要求披露的。

（十四）财务报表的批准报出

财务报表的批准报出是财务报表的文件结束形式，通常包含有公司法人、主管会计工作的负责人等人的签字。

习　题

一、单项选择题

1. 下列各科目的期末余额，不应在资产负债表“存货”项目列示的是（　　）。

A. 库存商品　　B. 生产成本

C. 工程物资　　D. 发出商品

2. 年度终了前，资产负债表中的“未分配利润”项目，应根据（　　）填列。
A. “利润分配”科目余额
B. “本年利润”科目余额
C. “本年利润”和“利润分配”科目的余额
D. “应付股利”科目余额
3. 下列各项中，不影响工业企业营业利润的是（　　）。
A. 主营业务成本
B. 其他业务成本
C. 劳务成本
D. 税金及附加
4. 下列各项中，不属于现金流量表中投资活动产生的现金流量的是（　　）。
A. 支付给在建工程人员的工资
B. 转让固定资产所有权收到的现金
C. 支付经营租赁费用所产生的现金流量
D. 收到分派的现金股利
5. 甲企业 20×9 年 6 月 30 日“固定资产”科目余额为 5 000 万元，“累计折旧”科目余额为 2 000 万元，“固定资产减值准备”科目余额为 250 万元，“工程物资”科目余额为 500 万元，“固定资产清理”科目余额为 300 万元。该企业 20×9 年 6 月 30 日资产负债表中固定资产项目的金额为（　　）万元。
A. 3 000
B. 225
C. 2 750
D. 5 500
6. 下列资产负债表项目中，应根据多个总账科目余额计算填列的是（　　）。
A. 应付账款
B. 盈余公积
C. 未分配利润
D. 长期借款
7. 下列各项中，会引起现金流量净额发生变动的是（　　）。
A. 从银行提取现金
B. 生产领用原材料
C. 以银行存款偿还应付账款
D. 用设备抵偿债务
8. 企业期末结转前“本年利润”的借方余额为 7 万元，“利润分配”和“应付股利”账户贷方余额分别为 18 万元和 12 万元，则当期资产负债表中“未分配利润”项目金额应为（　　）万元。
A. 25
B. 19
C. 18
D. 11
9. 下列各项中，属于资产负债表中流动负债项目的是（　　）。
A. 长期借款
B. 预付款项
C. 应付股利
D. 应付债券
10. 下列各项中，应在资产负债表中货币资金项目列示的是（　　）。
A. 银行本票存款
B. 银行承兑汇票
C. 商业承兑汇票
D. 以公允价值计量且其变动计入当期损益的金融资产
11. 某企业 2015 年 7 月 1 日从银行借入期限为 4 年的长期借款 600 万元，2018 年 12 月 31 日编制资产负债表时，此项借款应填入的报表项目是（　　）。
A. 短期借款
B. 长期借款

C. 其他长期负债

D. 一年内到期的非流动负债

12. 某企业“应收账款”科目月末借方余额 8 万元，其中：“应收账款——ABC 公司”明细科目借方余额 10 万元，“应收账款——乙公司”明细科目贷方余额 2 万元；“预收账款”科目月末贷方余额 6 万元，其中：“预收账款——A 工厂”明细科目贷方余额 10 万元，“预收账款——B 工厂”明细科目借方余额 4 万元。“预付账款”科目月末借方余额 3 万元，其中：“预付账——丙公司款”明细科目借方余额 5 万元，“预付账款——丁公司”明细科目贷方余额 2 万元。坏账准备科目余额为 0。该企业月末资产负债表中“应收账款”项目的金额为（　　）万元。

A. 8　　B. 18

C. 10　　D. 14

13. 下列报表中，（　　）能够反映企业一定时点所拥有的资产、需偿还的债务，以及投资者所拥有的净资产的情况。

A. 资产负债表　　B. 利润表

C. 现金流量表　　D. 所有者权益变动表

14. 企业 2022 年 10 月 31 日生产成本借方余额 5 万元，材料采购借方 3 万元，材料成本差异贷方余额 0.05 万元，委托代销商品借方余额 4 万元，周转材料借方余额 1 万元，存货跌价准备贷方余额 0.3 万元，则资产负债表“存货”项目的金额为（　　）万元。

A. 11.65　　B. 11.75

C. 11.95　　D. 12.65

15. 某企业年末“应收账款”科目的借方余额为 650 万元，其中，“应收账款”明细账的借方余额为 850 万元，贷方余额为 200 万元，年末计提坏账准备后的“坏账准备”科目的贷方余额为 65 万元。假定年末坏账准备均与应收账款相关，该企业年末资产负债表中“应收账款”项目的金额为（　　）万元。

A. 585　　B. 600

C. 785　　D. 800

16. 下列项目中，应在所有者权益变动表中反映的是（　　）。

A. 支付职工薪酬　　B. 盈余公积转增股本

C. 赊购商品　　D. 购买商品支付的现金

17. 下列各项中，关于财务报表附注的表述不正确的是（　　）。

A. 附注中包括财务报表重要项目的说明

B. 对未能在财务报表列示的项目在附注中说明

C. 如果没有需要披露的重大事项，企业不必编制附注

D. 附注中包括会计政策和会计估计变更以及差错更正的说明

18. 下列各项中，应在资产负债表中作为非流动负债列示的是（　　）。

A. 应付利息　　B. 应付股利

C. 应付债券　　D. 其他应付款

19. 资产负债表中资产的排列依据是（　　）。

A. 项目重要性　　B. 项目流动性

C. 项目时间性　　D. 项目收益性

20. 某企业“应付账款”科目月末贷方余额4万元，其中：“应付账款——ABC公司”明细科目贷方余额2.5万元，“应付账款——乙公司”明细科目贷方余额2.5万元，“应付账款——丙公司”明细科目借方余额1万元；“预付账款”科目月末贷方余额2万元，其中：“预付账款——A工厂”明细科目贷方余额4万元，“预付账款——B工厂”明细科目借方余额2万元。该企业月末资产负债表中“预付款项”项目的金额为（　　）万元。

A. 2　　B. 3

C. −3　　D. −1

21. 现金流量表中的现金等价物应通过（　　）账户分析确定。

A. 长期股权投资　　B. 持有至到期投资

C. 可供出售金融资产　　D. 交易性金融资产

22. 以下（　　）项目属于经营活动产生的现金流入。

A. 收到现金股利　　B. 收到销售货款

C. 收到债券利息　　D. 向银行借款

23. 以下（　　）项目属于筹资活动产生的现金流入。

A. 收到的租金　　B. 收回投资收到的现金

C. 发行债券收到的现金　　D. 处置固定资产收到的现金

24. 现金流量表中，投资活动产生的现金流量不包括（　　）。

A. 购买固定资产支付的现金　　B. 出售固定资产收到的现金

C. 购买商品支付的现金　　D. 收到的股利

25. 现金流量表中，现金流量分为以下哪几类（　　）。

A. 经营活动、投资活动、筹资活动

B. 经营活动、生产活动、筹资活动

C. 投资活动、筹资活动、分配活动

D. 经营活动、投资活动、管理活动

二、多项选择题

1. 资产负债表中“存货”项目的金额，应根据（　　）等账户的余额分析填列。

A. 在途物资　　B. 委托加工物资

C. 包装物　　D. 委托代销商品

2. 下列各项中，影响工业企业营业利润的有（　　）。

A. 资产减值损失　　B. 投资收益

C. 税金及附加　　D. 所得税费用

3. 下列各项中，应在资产负债表“存货”项目列示的有（　　）。

A. “生产成本”科目的借方余额

B. “劳务成本”科目的借方余额

C. “委托加工物资”科目的借方余额

D. “存货跌价准备”科目所属明细科目的贷方余额

4. 编制多步式利润表的第一步和第三步是（　　）。

A. 以营业收入为基础，计算营业利润

B. 以营业收入为基础，计算利润总额

C. 以营业利润为基础，计算利润总额

D. 以利润总额为基础，计算净利润

5. 下列各项中，属于现金流量表“经营活动产生的现金流量”的有（　　）。

A. 收到现金股利产生的现金流入

B. 支付生产工人工资产生的现金流出

C. 用银行存款偿还应付票据产生的现金流出

D. 支付广告费所产生的现金流出

6. 下列会计科目中，期末余额影响“固定资产”项目列示金额的有（　　）。

A. 在建工程　　B. 工程物资

C. 固定资产减值准备　　D. 累计折旧

7. 下列资产负债表项目中，根据总账余额直接填列的有（　　）。

A. 短期借款　　B. 实收资本

C. 应收票据　　D. 应收账款

8. 下列各项中，应根据有关科目余额减去其备抵科目余额后的净额填列的有（　　）。

A. 无形资产

B. 以公允价值计量且其变动计入当期损益的金融资产

C. 其他应收款

D. 工程物资

9. 下列关于我国企业资产负债表的表述正确的有（　　）。

A. 资产项目按照重要性排列

B. 资产项目按照流动性大小排列

C. 负债项目按照清偿时间的先后顺序排列

D. 资产负债表的编制依据是“资产＝负债＋所有者权益”

10. 下列各项中，应列入利润表“营业成本”项目的有（　　）。

A. 主营业务成本　　B. 其他业务成本

C. 税金及附加　　D. 销售费用

11. 企业产生的现金流量可以分为（　　）。

A. 投资活动产生的现金流量　　B. 借款活动产生的现金流量

C. 筹资活动产生的现金流量　　D. 经营活动产生的现金流量

12. 下列各项中，属于影响现金流量表中现金流量的有（　　）。

A. 应收票据　　B. 银行本票存款

C. 库存现金　　　　　　　　　　D. 现金等价物

13. 在填列资产负债表“一年内到期的非流动负债”项目时，需要考虑的会计科目有（　　）。

A. 应付债券　　　　　　　　　　B. 长期借款

C. 长期应付款　　　　　　　　　D. 应付利息

14. 资产负债表中的“应收账款”项目应根据（　　）分析计算填列。

A. 应收账款所属明细账借方余额合计

B. 预收账款所属明细账借方余额合计

C. 按应收账款余额一定比例计提的坏账准备科目的贷方余额

D. 应收账款总账科目借方余额

15. 下列各项中，应在资产负债表“应付账款”项目列示的有（　　）。

A. “预收账款”科目所属明细科目的贷方余额

B. “预付账款”科目所属明细科目的贷方余额

C. “应付账款”科目所属明细科目的贷方余额

D. “应付账款”科目所属明细科目的借方余额

三、计算题

1. 资料：某公司 20×8 年 12 月 31 日有关账户余额如下表所示。

总账账户期末余额表

单位：元

账户名称	借方余额	账户名称	贷方余额
库存现金	20 000	存货跌价准备	289 000
银行存款	1 860 000		
其他货币资金	648 000		
原材料	1 860 000		
材料采购	300 000		
生产成本	550 000		
周转材料	1 080 000		
委托代销商品	280 000		
发出商品	100 000		
库存商品	1 820 000		
材料成本差异	1 400 000		

要求：计算该公司 20×8 年 12 月 31 日编制的资产负债表中“货币资金”项目和“存货”项目的金额。

2. 资料：某企业 20×8 年 12 月 31 日结账后有关科目余额（单位：万元）。

总账科目	明细科目	借方余额		贷方余额	
		总账科目	明细科目	总账科目	明细科目
应收账款		800			
	——A 公司		1 000		
	——B 公司				200
预收账款				5 000	
	——C 公司				7 000
	——D 公司		2 000		
坏账准备				100	

假设此处坏账准备均属于为应收账款计提。

要求：计算该公司 20×8 年 12 月 31 日编制的资产负债表中“应收账款”项目和“预收账款”项目的金额。

3. 资料：某企业 20×8 年 12 月 31 日结账后有关科目余额（单位：万元）。

总账科目	明细科目	借方余额		贷方余额	
		总账科目	明细科目	总账科目	明细科目
应收账款				6 000	
	——A 公司				8 000
	——B 公司		2 000		
预付账款		3 000			
	——C 公司		4 000		
	——D 公司				1 000
坏账准备				1 000	

假设此处坏账准备均属于为预付账款计提。

要求：计算该公司 20×8 年 12 月 31 日编制的资产负债表中“应付账款”项目和“预付账款”项目的金额。

4. 资料：某公司 20×8 年 12 月 31 日有关账户余额如下表所示。

总账账户期末余额表

单位：万元

账户名称	借方余额	账户名称	贷方余额
固定资产	1 000	累计折旧	800
无形资产	800	固定资产减值准备	30

续表

账户名称	借方余额	账户名称	贷方余额
投资性房地产	400	累计摊销	200
		投资性房地产累计折旧	20
		投资性房地产累计摊销	200

要求：计算该公司20×8年12月31日编制的资产负债表中“固定资产”项目、“无形资产”项目和“投资性房地产”项目的金额。

5. 资料：某企业为增值税一般纳税人，20×8年发生经济业务如下。

（1）销售商品一批，增值税专用发票中注明价款为20万元，增值税税额为2.6万元，收到款项并存入银行。

（2）销售原材料一批，增值税专用发票中注明价款为2万元，增值税税额为0.26万元。

（3）前期银行承兑汇票到期，收到6万元存入银行。

（4）收到购货单位退回的一批商品，金额2.34万元，并通过银行存款退款。

（5）收到往来单位支付的违约金2万元，存入银行。

（6）收到前期确认的坏账3.51万元，存入银行。

（7）收到出口退增值税税额3万元，存入银行。

要求：计算该公司20×8年编制现金流量表中经营活动现金流量各个项目的金额。

6. 资料：某企业为增值税一般纳税人，20×8年发生经济业务如下。

（1）向银行借入期限为8个月的借款30万元，款项已存入银行账户。

（2）发行股票100万股，每股面值1元，发行价4元，代理发行的证券公司收取佣金和手续费4万元。另外支付因发行股票而发生的审计费、律师费共计3万元。

（3）发行债券2万份，每份面值100元，票面利率6%，期限3年，发行价格为240万元。代理发行的证券公司收取佣金和手续费5万元。另外支付因发行债券而发生的审计费、律师费共计4万元。

（4）向银行借入期限为3个月的借款30万元，款项已存入银行账户。

（5）核算本月应支付借款利息6万元，其中符合资本化条件的长期借款利息5万元，费用化的借款利息1万元。

（6）支付本月借款利息6万元。

（7）向股东发放现金股利20万元。

（8）支付融资租赁固定资产的租金5万元，支付经营租赁固定资产的租金2万元。

（9）向股东发放股票股利10万股，按市场价值计算折合金额为50万元。

要求：计算该公司20×8年编制的现金流量表中筹资活动现金流量各个项目的金额。

四、案例分析

资料：ABC股份有限公司20×8年度有关损益类账户资料如下。

损益类账户发生额表

单位：万元

科目名称	借方发生额	贷方发生额
主营业务收入	1	126
主营业务成本	76	1
税金及附加	0.2	
销售费用	2	
管理费用	16	
财务费用	4.2	
资产减值损失	3.1	
投资收益		3.2
营业外收入		5
营业外支出	1.97	
所得税费用	11.2	

要求：根据以上资料编制 ABC 股份有限公司 20×8 年度的利润表。

第三单元
财务报表比率分析

学习目标

• **知识目标**

掌握企业长短期偿债能力、营运能力指标的计算与分析评价方法；掌握企业盈利能力、发展能力指标的计算与分析评价方法。

• **技能目标**

能够进行企业长短期偿债能力、营运能力指标实际操作；能够进行企业盈利能力、发展能力指标的实际操作。

引入案例

从利润表入手，分析盈利质量。通过销售收入及利润的成长性和波动性，体现主营业务收入创造现金流量的能力、市场份额增长情况以及创造现金流量的稳定性。毛利率也是盈利质量分析的重要方面，因为它表明管理层可用于研究开发、广告促销从而提高企业品牌和知名度，保证企业可持续增长的能力。从资产负债表入手，分析资产质量。企业破产的大部分原因是资产出了问题，资产质量分析一方面通过考察流动资产和固定资产占资产总额的比重，来考察企业的财务弹性。如果固定资产的比重较高，而且较多的是专用设备，在行业竞争加剧的情况下，企业将面临较高的退出壁垒。另一方面要检查资产的"含金量"，"真金白银"和陈年老账、变价存货占资产的比重，可体现企业发生潜在损失的风险。从现金流量表着手，对自由现金流量进行分析。这是报表分析三大逻辑切入点中最重要的一个环节。大多关注的是经营活动产生的现金流量，而经营活动产生的现金流量固然重要，并不代表企业可自由支配的现金流，因为企业首先要保证自己为持续经营而进行必要投资的前提下，才能把钱用于还本付息、为股东派发股利。对经营规模变动不大，而且是资本密集型的企业而言，自由现金流的最简单计算公式是经营活动产生的现金流量减去企业用于更新、改造固定资产所需投入的现金流量。

报表分析不是玩"数字游戏"，有效的报表分析要求善于运用非会计数据。会计数据只是企业实施其经营战略的"财务表现"，忽略对企业所处环境和经营战略的分析，报表分析只能是一种重形式、轻实质的"数字游戏"。没有基础战略分析，任何对会计政策和估计的评价都是武断的。如两家不同的航空公司，对相同的波音飞机运用了不同的折旧年限，分别是 10 年和 25 年，飞机的经济使用年限是 15 年，哪家公司的折旧政策更为合理呢？10 年或 25 年的回答都是片面的，关键要看折旧政策是否和公司的战略相一致。第一家航空公司采用的是差异化战略，主要为高端乘客提供高质、安全的服务，这种情况下缩短飞机使用年限，及时重置和更新飞机，保证服务质量是同公司战略相吻合的，因此采用 10 年的折旧年限是合理的。第二家航空公司采用的是低成本战略，通过低价来吸引价格敏感度高，而对服务和安全质量要求较低的中低端客户，所以通过延长飞机的适用年限来降低成本，同样具有合理性。没有战略框架作为指导，报表分析往往得出与事实背道而驰的结论。

模块九　认知财务报表比率

一、认知财务比率

财务比率指企业在某一特定时期（或时点）两个相互关联的财务报告指标之间的比值，通常以百分比或倍数表示。

财务比率可以评价某项投资在各年之间收益的变化，也可以在某一时点比较某一行业的不同企业。财务比率分析可以消除规模的影响，用来比较不同企业的收益与风险，从而帮助投资者和债权人作出理智的决策。

二、选择比率遵循的原则

1. 指标关联性

（1）如果以任意抽取的两个财务报告指标来计算比值，有可能并不具有实际的财务分析意义，即不能说明太多的财务问题。

（2）如果不加选择任意抽取财务报告指标来计算财务比率，形成的财务比率就非常多，大大增加财务报告分析的成本，而且会使分析工作缺乏效率。

2. 指标期间与逻辑联系

（1）财务比率的分子和分母必须来自同一个企业的同一个期间的财务报告，但不一定来自同一张财务报表。

（2）财务比率的分子与分母之间必须有着一定的逻辑联系（如因果关系、结构关系等），从而保证所计算的财务比率能够说明一定的问题，具有实际的分析意义。

当我们需要分析说明企业的负债风险和偿债能力时，我们可以将企业在一定时点的负债或负债的一部分（如流动负债或非流动负债）与企业在同一时点上的资产或资产的一部分（如流动资产或非流动资产）进行对比，计算财务比率，但不可以任意地抽取一些与负债没有太密切关联的财务报告指标（如销售费用或管理费用等）进行对比。

（3）当财务比率反映的是某一资产负债表指标与某一利润表指标之间的关系时，资产负债表指标就需要计算年度的平均值（由于资产负债表报告的是时点数，而利润表报告的则是时期数）。

三、局限性

使用财务比率控制规模差异的一个隐含假设是，财务比率的分子与分母之间存在着严格的比例性。还需要注意比较对象之间是否具有可比性。

如甲、乙两家企业属于同一行业，但规模有着显著差异。假设在 2020 年度甲企业和乙企业的资产报酬率（息税前利润÷年度资产平均值×100%）分别为12%和11%，那么，人们就认为，在资产报酬率方面，甲企业优于乙企业。或者，如果该年度这两家企业的资产报酬率均为12%，人们就认为，它们在资产报酬率方面是无差异的。这样分析和判断，似乎是没有任何问题的，至少从数量关系上来看是这样的。

问题：不同规模企业的资产报酬率是否理应相同呢？

实践告诉我们，在不同规模的企业之间，许多财务比率往往存在着系统性差异。就资产报酬率而言，除了宏观经济环境很不景气的时期之外，按资产规模分组情况下，最小规模企业的资产报酬率往往高于最大规模企业的资产报酬率。

四、比率分析分类

（一）偿债能力分析

1. 认知偿债能力

偿债能力是指企业对债务清偿的承受能力或保证程度，即企业偿还全部到期债务的现金保证程度。

负债需要在未来期间动用企业的资产或者提供劳务来偿付，由于劳务偿债受很多因素影响，不是主要的方式，分析偿债能力时可忽略不计。因此企业偿债能力的强弱即为企业资产对负债的保障程度，一定负债规模下企业资产越多，对债务的保障程度越强。动用资产偿还债务可以分为正常状态下的偿付与非正常状态下的偿付，企业的偿债能力还决定于企业资产的变现能力，即企业各项资产转化为现金的能力。资产转换现金通常有两种方式：资产清算转换现金；资产用于开展经营活动带来新的现金。

2. 偿债能力分析的内容

（1）短期偿债能力分析是指企业偿还流动负债的能力，或者是指企业在短期债务到期时资产可以变现为现金用于偿还流动负债的能力。主要包括流动比率、速动比率、现金比率等。

（2）长期偿债能力分析是指企业偿还长期负债的能力，是指长期债务到期时，企业盈利或资产可用于偿还长期负债的能力。主要包括资产负债率、产权比率、股权比例等。

（二）盈利能力分析

盈利能力又称为获利能力，是指企业赚取利润的能力，它是企业持续经营和发展的保证。是决定企业最终盈利状况的根本因素，受到企业管理者的高度关注，对于企业的投资人和潜在投资人、债权人以及政府来说，企业盈利能力的高低也是他们关注的焦点。

（三）营运能力分析

资产的营运能力表现为企业资产所占用资金的周转速度，反映企业资金利用的效率，表明企业管理人员经营管理、运用资金的能力。企业生产经营资金周转的速度越快，表明企业资金利用效果越好，效率越高，企业管理人员的经营能力越强。

（四）发展能力分析

企业的发展能力，也称企业的成长性，它是企业通过自身的生产经营活动，不断扩大积累而形成的发展潜能。发展能力分析包括营业收入增长能力分析、盈利增长能力分析、资产增长能力分析和资本增长能力分析等。

模块十 偿债能力分析

一、企业短期偿债能力分析

短期偿债能力是指企业偿还流动负债的能力，即企业对短期债权人或其承担的短期债务的保障程度。

（一）短期偿债能力分析的意义

1. 对短期债权人

对企业的短期债权人而言，企业短期偿债能力，直接威胁到其利息与本金安全性。

2. 对长期债权人

对企业的长期债权人而言，长期负债总会转变为短期负债，如果企业短期偿债能力一贯很差，长期债权的安全性也不容乐观。

3. 对股东

对企业的股东而言，企业缺乏短期偿债能力可能导致：①企业信誉降低，增加后续融资成本；②企业需要变卖非流动资产来偿债从而影响生产经营水平，导致盈利能力降低；③因为无法偿付到期债务而被迫进行破产清算。

4. 对供应商

对供应商而言，企业缺乏短期偿债能力，将直接影响他们的资金周转甚至是货款安全。当企业拖延货款时，供应商将面临两难选择：①继续供货，可能带来坏账损失；②停止供货，将失去一个重要客户，影响销售规模。

5. 对员工

对员工而言，企业缺乏短期偿债能力，有可能会影响到劳动所得，严重可能失去工作。

6. 对企业管理者

对企业管理者而言，企业短期偿债能力直接影响企业的生产经营活动、筹资活动和投资活动的正常进行：①企业经常拖欠供应商货款、职工工资，会影响供应商态度和工人的工作情绪，影响企业供、产、销的顺畅；②企业如果长期无力偿还短期银行借款，会降低企业信誉，增加以后筹资难度；③企业缺乏短期偿债能力会导致错失投资机会。

为便于说明，本章各项财务指标的计算，将主要以 ABC 股份有限公司为例，该公司的资产负债表、利润表（简表）如表 3-1、表 3-2 所示。

表 3-1 资产负债表

编制单位：ABC 股份有限公司　　　　20×8 年 12 月 31 日　　　　单位：元

资产	期末余额	年初余额	负债和所有者权益	期末余额	年初余额
流动资产：			流动负债：		
货币资金	539 131	1 161 300	短期借款	105 150	302 500
以公允价值计量且其变动计入当期损益的金融资产	0	15 000	以公允价值计量且其变动计入当期损益的金融负债	0	0
应收票据	66 000	246 000	应付票据	100 000	200 000
应收账款	598 200	299 100	应付账款	749 000	953 800
预付款项	100 000	100 000	预收款项	0	0
应收利息	0	0	应付职工薪酬	180 000	110 000
应收股利	0	0	应交税费	226 731	36 600
其他应收款	5 000	5 000	应付利息	0	1 000
存货	2 484 700	2 580 000	应付股利	724 826.25	0
一年内到期的非流动资产	0	0	其他应付款	50 000	50 000
其他流动资产	100 000	100 000	一年内到期的非流动负债	0	1 000 000
流动资产合计	3 893 031	4 506 400	其他流动负债	0	0
非流动资产：			流动负债合计	2 135 707.25	2 653 900
可供出售金融资产	286 000	55 000	非流动负债：		
持有至到期投资	0	200 000	长期借款	660 000	600 000
长期应收款	0	0	应付债券	0	0
长期股权投资	652 000	424 000	长期应付款	0	0
投资性房地产	0	0	专项应付款	0	0
固定资产	2 201 000	1 100 000	预计负债	0	0
在建工程	428 000	1 500 000	递延所得税负债	0	2500
工程物资	300 000	0	其他非流动负债	0	0
固定资产清理	0	0	非流动负债合计	660 000	602 500
生产性生物资产	0	0	负债合计	2 795 707.25	3 256 400
油气资产	0	0	所有者权益（或股东权益）：		
无形资产	540 000	600 000	实收资本（或股本）	4 980 720	4 980 720
开发支出	0	0	资本公积	0	0
商誉	0	0	减：库存股	0	0
长期待摊费用	0	0	其他综合收益	0	0
递延所得税资产	9 750	0	盈余公积	220 740	110 000
其他非流动资产	200 000	202 500	未分配利润	512 613.75	240 780

续表

资产	期末余额	年初余额	负债和所有者权益	期末余额	年初余额
非流动资产合计	4 616 750	4 081 500	所有者权益（或股东权益）合计	5 714 073.75	5 331 500
资产总计	8 509 781	8 587 900	负债和所有者权益总计	8 509 781	8 587 900

表 3-2　利润表（简表）

编制单位：ABC 股份有限公司　　　　20×8 年度　　　　单位：元

项目	本年金额	上年金额
一、营业收入	5 000 000	4 750 000
减：营业成本	3 500 000	3 325 000
税金及附加	8 000	7 600
销售费用	80 000	76 000
管理费用	630 000	597 000
财务费用	170 000	158 000
资产减值损失	60 000	58 000
加：公允价值变动收益（损失以“—”号填列）	0	0
投资收益（损失以“—”号填列）	910 000	865 000
资产处置收益	0	0
其他收益	0	0
二、营业利润（亏损以“—”号填列）	1 462 000	1 393 400
加：营业外收入	200 000	190 000
减：营业外支出	80 000	75 000
三、利润总额（亏损总额以“—”号填列）	1 582 000	1 508 400
减：所得税费用	474 600	452 520
四、净利润（净亏损以“—”号填列）	1 107 400	1 055 880

（二）短期偿债能力分析常用指标

1. 营运资本

营运资本是指流动资产与流动负债的差，也称净流动资产。营运资本实际上反映的是流动资产可以用于归还和抵补流动负债后的余额。营运资金越多，说明企业可用于偿还流动负债的资金越充足，企业的短期偿债能力越强，债权人收回债权的安全性越高。

计算公式为：

营运资本＝流动资产－流动负债

练习 3-1

根据 ABC 股份有限公司的财务报表数据：

本年末营运资本＝3 893 031－2 135 707.25＝1 757 323.75（元）

上年末营运资本＝4 506 400－2 653 900＝1 852 500（元）

计算营运资本使用的“流动资产”和“流动负债”，通常可以直接取自资产负债表。为了便于计算营运资本和分析流动性，资产负债表项目才区分为流动项目和非流动项目，并且按照流动性强弱排序。

营运资本指标多少为宜并没有固定的标准。对短期债权人来说，希望营运资本越高越好，对企业来说，过多持有营运资本虽然可以提高短期偿债能力，降低财务风险，但有可能降低企业的盈利能力（流动资产与长期资产相比流动性强，但获利能力差），所以需要在风险和收益之间进行权衡，采取不同融资策略，合理安排企业营运资本数额。

局限性：营运资金是绝对数，不便于不同企业之间的比较，在实务中直接使用营运资本作为偿债能力的衡量指标受到局限，偿债能力更多地通过债务的存量比率来评价。

2. 流动比率

流动比率是指流动资产与流动负债的比例关系，表示每 1 元的流动负债，有多少流动资产作为偿还保证。用来衡量企业流动资产在短期债务到期以前，可以变为现金用于偿还负债的能力。它是分析企业短期偿债能力最为常用的财务比率。计算公式为：

流动比率＝流动资产÷流动负债

流动比率越大通常短期偿债能力越强。营业周期、流动资产中的应收账款和存货的周转速度是影响流动比率的主要因素。营业周期短、应收账款和存货周转速度快的企业其流动比率低一些也是正常的。

一般认为，生产企业合理的最低流动比率是 2。

练习 3-2

根据表 3-1，ABC 股份有限公司 20×8 年年初与年末的流动资产分别为 4 506 400 元、3 893 031 元，流动负债分别为 2 653 900 元、2 135 707.25 元，则该公司流动比率为：

年初流动比率＝4 506 400÷2 653 900＝1.698

年末流动比率＝3 893 031÷2 135 707.25＝1.823

结论： ABC 股份有限公司 20×8 年末的流动比率高于年初的流动比率，说明该公司短期偿债能力有所提高。

流动比率是用以反映企业流动资产偿还到期流动负债能力的指标。它不能作为衡量企业短期变现能力的绝对标准。

比率分析：

(1) 流动比率＞1，如果某项业务导致流动资产与流动负债同时增加相等金额，则流动比率下降，如果某项业务导致流动资产与流动负债同时减少相等金额，则流动比率上升。

如流动比率为 2∶1，如果分子分母同时增加 1，则流动比率为 3∶2，流动比率下降；流动比率为 3∶2，如果分子分母同时减少 1，则流动比率为 2∶1，流动比率上升。

因此，在临近期末的时候，企业可以通过推迟正常的赊购，来降低期末时分子中存货和分母中应付账款，从而提高流动比率；或者企业可以通过借入一笔临时借款来增加分子中的货币资金和分母中的短期借款，从而降低流动比率。

(2) 如流动比率＜1，如果某项业务使流动资产与流动负债同时增加相等金额，则流动比率上升；如果某项业务使流动资产与流动负债同时减少相等金额，则流动比率下降。

如流动比率为 2∶3，如果分子分母同时增加 1，则流动比率为 3∶4，流动比率上升；流动比率为 2∶3，如果分子分母同时减少 1，则流动比率为 1∶2，流动比率下降。

(3) 如果在下一年初企业存货和应付账款比正常情况增长更快，企业有操纵的嫌疑，可以考虑在计算流动比率时将下一年初非正常增加的存货和应付账款加上。如果期末借入的款项到下一期初立即偿还，企业也可能存在操纵行为，可以考虑在计算流动比率时将期末借入的款项排除在外。

(4) 流动资产中各要素所占比例的大小，对企业偿债能力有重要影响。流动性较差的项目所占比重越大，企业偿还到期债务的能力就越差。而企业可以通过瞬时增加流动资产或减少流动负债等方法来粉饰其流动比率，人为操纵其大小，从而误导信息使用者。

局限性：

(1) 流动比率高不意味着短期偿债能力一定很强。假设全部流动资产可变现清偿流动负债，实际上，各项流动资产的变现能力并不相同而且变现金额可能与账面金额存在较大差异。因此，流动比率是对短期偿债能力的粗略估计，还需进一步分析流动资产的构成项目。

(2) 计价基础的不一致在一定程度上削弱了该比率反映短期偿债能力的可靠性。计算流动比率时（速动比率亦如此），分母中的短期负债较多采用到期值计价，而分子中的流动资产有的采用现值计价（如现金、银行存款），有的采用历史成本计价（如存货），还有的采用未来价值计价（如应收账款）。

计价基础不一致必然导致流动比率反映短期偿债能力的可靠性下降。所以，流动资产的未来价值与短期负债的未来价值之比才能更好地反映企业的短期偿债能力。

(3) 该比率只反映报告日的静态状况，具有较强的粉饰效应，因此要注意企业会计分析期前后的流动资产和流动负债的变动情况。

3. 速动比率

速动比率是指速动资产与流动负债的比例关系，用来评判企业流动资产中可以即刻用来偿还到期债务的能力，是流动比率的一个重要辅助指标。

所谓速动资产，是指将流动资产中的存货及预付款项等变现能力较差的资产予以剔除后剩下的资产，包括货币资金、交易性金融资产、应收款项等。由于存货、预付款项“放久了容易变酸”，该比率又被称为“酸性试验比率”。计算公式为：

速动比率＝速动资产÷流动负债

注意：速动资产与非速动资产的划分。

【提示】速动资产主要剔除了存货。

在计算速动资产时，可以用两种方法来计算。一种方法是直接计算速动资产，速动资产等于货币资金、以公允价值计量且其变动计入当期损益的金融资产和各种应收款项的合计数；另一种方法是扣除法，速动资产等于流动资产扣除存货、预付款项后的余额。

练习 3-3

根据表 3-1，ABC 股份有限公司 20×8 年的年初速动资产为 1 726 400 元（1 161 300＋15 000＋246 000＋299 100＋5 000），年末速动资产为 1 208 331 元（539 131＋66 000＋598 200＋5 000）。

ABC 股份有限公司的速动比率为：

年初速动比率＝1 726 400÷2 653 900＝0.651

年末速动比率＝1 208 331÷2 135 707.25＝0.566

结论：ABC 股份有限公司 20×8 年年初和年末的速动比率都比一般公认标准低，其短期偿债能力较弱。

---

4. 现金比率

现金比率指现金资产与流动负债的比值。评价企业短期偿债能力最保守的指标是现金比率，即现金类资产对流动负债的比例关系。现金类资产是指包括企业所拥有的货币资金以及企业持有的期限短、流动性强、易于变现的有价证券。其计算公式为：

现金比率＝（货币资金＋以公允价值计量且其变动计入当期损益的金融资产）÷流动负债

现金比率剔除了应收账款对偿债能力的影响，最能反映企业直接偿付流动负债的能力，表明每 1 元流动负债有多少现金资产作为偿债保障。

由于流动负债是在一年（或一个营业周期）内陆续到期清偿，所以并不需要企业时时保留相当于流动负债金额的现金资产。

经验研究表明，0.2 的现金比率可以接受。

练习 3-4

根据表 3-1，ABC 股份有限公司的现金比率为：

年初现金比率＝（1 161 300＋15 000）÷2 653 900＝0.443

年末现金比率＝（539 131＋0）÷2 135 707.25＝0.252

结论：ABC 股份有限公司虽然速动比率比较低，但现金比率偏高（超过了 0.2），说明该公司短期偿债能力还是有一定的保障，但是这一比率过高，就意味着企业过多资源占用在盈利能力较低的现金资产上，从而影响企业盈利能力。

拓展阅读

影响短期偿债能力的其他因素

1. 增强短期偿债能力的表外因素

（1）可动用的银行贷款指标

银行已同意、企业尚未动用的银行贷款限额，可以随时增加企业现金，提高支付能力。这一数据不反映在财务报表中，但会在董事会决议中披露。

（2）可以很快变现的非流动资产

企业可能有一些非经营性长期资产可以随时出售变现，而不出现在“一年内到期的非流动资产”项目中。例如，储备的土地、未开采的采矿权、目前出租的房产等，在企业发生周转困难时，将其出售并不影响企业的持续经营。

（3）偿债能力的声誉

如果企业的信用很好，在短期偿债方面出现暂时困难，比较容易筹集到短缺现金。

2. 降低短期偿债能力的表外因素

（1）与担保有关的或有负债

如果该金额较大且很可能发生，应在评价偿债能力时予以关注。

（2）经营租赁合同中的承诺付款

很可能是需要偿付的义务。

二、企业长期偿债能力分析

长期偿债能力指企业偿还长期债务的能力。长期来看，所有债务都要偿还，因此，长期偿债能力衡量的是对企业所有负债的清偿能力。一般情况下短期偿债能力分析主要着眼于企业所拥有的流动资产对流动负债的保障程度，因此关注流动资产和流动负债的规模与结构，同时关注流动资产的周转情况。长期负债借入目的是通过借入资产的运营实现获利和增值，来保障长期负债的偿还，因此，长期负债除了关注企业资产和负债的规模和结构外，还需要关注企业盈利能力。

（一）影响企业长期偿债能力的因素

1. 企业盈利能力

企业盈利能力是企业在一定时期获得利润的能力，企业长期偿债能力与盈利能力密切相关。企业长期的盈利水平和经营活动现金流量是偿付债务本金和利息的最稳定、最可靠的来源。企业盈利能力强，借入资金收益率超过固定支付的利息率，即可获得负债所带来的杠杆收益，并保障债务到期时能够足额偿还。如果企业借入资金的收益率低于固定支付的利息率，企业要承担更多的损失，相应将会导致企业在债务到期时可能无法足额偿付债务本金和利息。所以企业长期盈利能力是决定企业长期偿债能力的主要因素。

2. 资本结构

资本结构指的是资金的来源，从财务报表角度看就是负债与所有者权益之间的比例关系。从债权人角度看：企业通过负债所筹集的资金所占比例越小，企业自有资金对债务的保障程度就越高，债务到期无法足额偿付的比率就越小。从企业角度看：负债比重越高，财务风险越大，企业资本成本就越低，收益就越高；所有者权益比重越高，财务风险越低，企业资本成本就越高，收益就越低。因此，安排最佳的资本结构，就要权衡负债与所有者权益的风险与成本，找到恰当的均衡点。

3. 长期资产的保值程度

如果企业大部分长期资产在面临债务偿还时变现能力过低，可能会导致企业即使拥有很多长期资产也无法足额偿付债务。因此分析企业的长期偿债能力，除了关注盈利能力和资本结构外，还要特别关注企业长期资产的保值程度。

（二）长期偿债能力分析常用指标

1. 资产负债率

资产负债率是企业负债总额与资产总额之比。

计算公式为：

$$资产负债率=负债总额\div 资产总额\times 100\%$$

（1）从债权人的立场看，债务比率越低越好，企业偿债有保证，贷款不会有太大风险。

（2）从股东的立场看，其关心的是举债的效益。在全部资本利润率高于借款利息率时，负债比率越大越好，因为股东所得到的利润率就会加大。

（3）从经营者的角度看，其进行负债决策时，更关注如何实现风险和收益的平衡。

资产负债率较低表示财务风险较低，但同时也意味着可能没有充分发挥财务杠杆的作用，盈利能力也较低；较高的资产负债率表示较大的财务风险和较高的盈利能力。只有当负债增加的收益能够涵盖其增加的风险时，经营者才能考虑借入负债。在风险和收益实现平衡条件下，是选择较高的负债水平还是较低的负债水平，则取决于经营者的风险偏好等多种因素。

（4）从国家的纳税方面看，企业负债的利息允许在所得税前扣除，企业负债越大，所得税扣除的利息就越多，国家收取的所得税就越少，所以，国家要限制企业的资产负债率。世界上许多国家都对自有资本（所有者权益）与负债的比例作了限定：美国规定，自有资本与负债的比例不得超过1∶3；法国不得超过1∶1；德国不得超过1∶7；其他多数国家规定资产负债率不得超过75%。如果超过限定比例，称为“资本弱化”，即自有资本不足，在计算所得税时，其超额利息不得在所得税前扣除。我国目前尚未对资产负债率作出限定。

综上所述，由于对资产负债率有不同的评价观，会计理论界认为企业也确实存在着最优的“资本结构”，但要有许多假设条件，而这些假设条件又很难与企业的实际相符，即实际工作中较难找到一个最佳的资本负债率。因此，评价资产负债率的好坏要依靠国内外经验数据得出较恰当的评价标准。

练习 3-5

根据表 3-1，ABC 股份有限公司的资产负债率为：

年初资产负债率＝3 256 400÷8 587 900×100%＝37.92%

年末资产负债率＝2 795 707.25÷8 509 781×100%＝32.85%

结论：ABC 股份有限公司年初资产负债率为 37.92%，年末资产负债率为 32.85%，有所下降，表明企业负债水平降低。但偿债能力强弱还需结合行业水平进一步分析。

假设 ABC 股份有限公司所处的行业是资产负债率低的行业，所属的行业平均资产负债率为 30%，说明尽管 ABC 股份有限公司资产负债率下降，财务风险有所减少但相对于行业平均水平而言其财务风险仍然较高，长期偿债能力较弱。

2. 股权比率

股权比率是股东权益与资产总额的比值，该比率反映企业资产中有多少是所有者投入的。

计算公式为：

股权比率＝股东权益总额÷资产总额×100%

股权比率越高，资产负债率越低，所有者投入的资金在全部资金中所占的比例越大，而债权人投入的资金所占比例越小。

练习 3-6

根据表 3-1，ABC 股份有限公司的股权比率为：

年初股权比率＝5 331 500÷8 587 900×100%＝62.08%

年末股权比率＝5 714 073.75÷8 509 781×100%＝67.15%

结论：ABC 股份有限公司年初股权比率为 62.08%，年末股权比率为 67.15%，有所上升，表明企业负债水平降低。

3. 产权比率

产权比率是负债总额与所有者权益总额的比率，它是企业财务结构稳健与否的重要标志。

计算公式为：

产权比率＝负债总额÷所有者权益×100%

产权比率反映了由债务人提供的资本与所有者提供的资本的相对关系，即每 1 元股东权益借入的债务额，它反映了企业的财务结构是否稳定，并且反映了债权人资本受股东权益保障的程度，或者是企业清算时对债权人利益的保障程度。它可以从以下两个方面揭示含义。

首先，从分子对分母看，它表明债权人提供的资本是投资者提供的资本的多少倍。从投资者看，在经济繁荣时期，多借债，投资者可以获得额外的利润，遇上通货膨胀加剧时，多借债可以把损失和风险转嫁给债权人；在经济萎缩时期，少借债可以减少利息负担和财务风险。产权比率高，是高风险、高报酬的财务结构；产权比率低，是低风险、低报酬的财务结构。

其次，从分母对分子看，它表明投资者投入100元资金，债权人提供多少资金。这反映了债权人资金得到所有者权益的保障程度。或者说企业清算时债权人利益的保障程度如何。因为国家规定企业破产清算时偿债的顺序是：①支付清算费用；②支付未付的职工工资、劳动保险费用等。③支付未交国家的税金；④偿付尚未支付的其他债务；⑤投资者按出资比例分配偿债后的剩余财产。可见，企业清算时债权人的索赔权排在投资者前面。如果产权比率过高，清算财产不一定能使债权人足额收回其债权。因此，从企业长期偿债能力看，产权比率越低越好，一般认为小于1时财务结构较为稳妥。

练习 3-7

根据表3-1，ABC股份有限公司的产权比率为：

年初产权比率＝3 256 400÷5 331 500×100％＝61.08％

年末产权比率＝2 795 707.25÷5 714 073.75×100％＝48.93％

结论：ABC股份有限公司年末的产权比率下降，表明年末该公司举债经营程度下降，财务风险有所降低。但仍然高于行业平均水平，行业平均的产权比率是42.86％（行业平均资产负债率是30％，因此产权比率是30％÷70％＝42.86％）。

---

4. 权益乘数

权益乘数是总资产与股东权益的比值。

计算公式为：

权益乘数＝总资产÷股东权益

权益乘数表明每1元股东权益拥有的资产额。在企业存在负债的情况下，权益乘数大于1。

【提示】企业负债比例越高，权益乘数越大。

产权比率和权益乘数是资产负债率的另外两种表现形式，和资产负债率的性质一样，是常用的反映财务杠杆水平的指标。财务杠杆即表明债务多少，与偿债能力有关。

练习 3-8

根据表3-1，ABC股份有限公司的权益乘数为：

年初权益乘数＝8 587 900÷5 331 500＝1.611

年末权益乘数＝8 509 781÷5 714 073.75＝1.489

---

5. 利息保障倍数

利息保障倍数是指企业息税前利润与利息费用的比值，又称已获利息倍数。

计算公式为：

利息保障倍数＝息税前利润÷全部利息费用＝（净利润＋利润表中的利息费用＋所得税）÷全部利息费用

公式中的分子“息税前利润”指利润表中未扣除利息费用和所得税前的利润。公式中的分母

"全部利息费用"指本期发生的全部应付利息，不仅包括计入利润表财务费用的利息费用，还应包括计入资产负债表固定资产等成本的资本化利息。

利息保障倍数表明每1元利息支付有多少倍的息税前利润作保障，它可以反映债务政策的风险大小。没有足够大的息税前利润，利息的支付就会发生困难。如果企业一直保持按时付息的信誉，则长期负债可以延续，举借新债也比较容易。

【提示】在分析时需要比较企业连续多个会计年度（如5年）的利息保障倍数，以说明企业付息能力的稳定性。

拓展阅读

非付现费用

（1）从长期来看，利息保障倍数至少要大于1（国际公认标准为3），也就是说，息税前利润至少要大于利息费用，企业才具有负债的可能性。

（2）企业必须拥有支付其所有费用的资金，但从短期来看，企业的固定资产折旧费用、递延资产摊销、无形资产摊销等非付现费用，并不需要现金支付，只需从企业当期利润中扣除。

（3）有些企业即使在利息保障倍数低于1的情况下，也能够偿还其债务利息。但这种支付能力是暂时的，当企业需要重置资产时，势必发生支付困难。

练习 3-9

根据表3-2，假定表中财务费用全部为利息费用，资本化利息为0，则ABC股份有限公司利息保障倍数为：

上年利息保障倍数＝（1 508 400＋158 000）÷158 000＝10.547

本年利息保障倍数＝（1 582 000＋170 000）÷170 000＝10.306

结论：从以上计算结果看，虽然ABC股份有限公司的利息保障倍数减少，利息支付能力有所下降，但利息保障倍数还是比较高，有较高的偿债能力。不过还需要与其他企业特别是本行业平均水平进行比较来分析评价。

拓展阅读

影响长期偿债能力的其他因素

上述长期偿债能力比率，都是根据财务报表数据计算而得。还有一些表外因素影响企业长期偿债能力，必须引起足够重视。

1. 长期租赁

当企业急需某种设备或厂房而又缺乏足够资金时，可以通过租赁的方式解决。

财产租赁的形式包括融资租赁和经营租赁。

融资租赁形成的负债会反映在资产负债表中，而经营租赁的负债则未反映在资产负债表中。

当企业的经营租赁额比较大、期限比较长或具有经常性时，就形成了一种长期性融资，因此，经营租赁也是一种表外融资。这种长期融资，到期时必须支付租金，会对企业偿债能力产生影响。因此，如果企业经常发生经营租赁业务，应考虑租赁费用对偿债能力的影响。

2. 债务担保

担保项目的时间长短不一，有的影响企业的长期偿债能力，有的影响企业的短期偿债能力。在分析企业长期偿债能力时，应根据有关资料判断担保责任带来的影响。

3. 未决诉讼

未决诉讼一旦判决败诉，便会影响企业的偿债能力，因此在评价企业长期偿债能力时要考虑其潜在影响。

模块十一 盈利能力分析

一、认知盈利能力

（一）盈利能力的概念

盈利能力又称为获利能力，是指企业赚取利润的能力，它是企业持续经营和发展的保证，是决定企业最终盈利状况的根本因素，受到企业管理者的高度关注。对于企业的投资人和潜在投资人、债权人以及政府来说，企业盈利能力的高低也是他们关注的焦点。

（二）盈利能力分析的目的

1. 从企业管理者角度

盈利能力影响企业管理人员的升迁、收入，也是管理者发现问题、改进管理方法的突破口，帮助其了解企业运营状况，进而更好地经营企业。

2. 从投资人和潜在投资人的角度

他们的收益是来自企业的股息、红利和转让股票产生的资本利得。股利来自利润，利润越高，投资人所获得的股息越高；而能否获得资本利得取决于企业股票市场走势，只有企业盈利状况看好才能够使股票价格上升，进而投资人获得转让差价。

3. 从企业债权人角度

定期的利息支付以及到期的还本都必须以企业经营获得利润来保障。企业盈利能力决定了其偿债能力，债权人关注盈利状况就是为了保证自已能按时收到本金和利息的能力。

4. 从政府的角度

企业赚取利润是其缴纳税款的基础，利润多则缴纳的税款多，利润少则缴纳的税款少。而企业纳税是政府财政收入的重要来源，因此，政府十分关注企业的盈利能力。

二、盈利能力分析常用指标

（一）根据营业收入分析企业的盈利能力

1. 销售毛利率

销售毛利率是销售毛利与销售收入之比。

计算公式为：

销售毛利率＝（销售毛利÷销售收入）×100%

其中：　　销售毛利＝销售收入（营业收入）－销售成本（营业成本）

销售毛利率反映产品每销售1元所包含的毛利润是多少，即销售收入扣除销售成本后还有多少剩余可用于各期费用和形成利润。该比率越大，企业的盈利能力越强。

【提示】将销售毛利率与行业水平进行比较，可以反映企业产品的市场竞争地位。

（1）销售毛利率＞行业水平——意味着实现一定的收入占用了更少的成本，表明它们在资源、技术或劳动生产率方面具有竞争优势。

（2）销售毛利率＜行业水平——意味着在行业中处于竞争劣势。

（3）将不同行业的销售毛利率进行横向比较——说明行业间盈利能力的差异。

练习 3-10

根据表3-2资料，可计算ABC股份有限公司销售毛利率如下：

20×7年销售毛利率＝［（4 750 000－3 325 000）÷4 750 000］×100%＝30%

20×8年销售毛利率＝［（5 000 000－3 500 000）÷5 000 000］×100%＝30%

结论：说明ABC股份有限公司20×8年、20×7年这两年的销售毛利率没有变化。

---

2. 营业利润率

营业利润率指营业利润与销售收入（营业收入）的比值。

计算公式为：

营业利润率＝（营业利润÷销售收入）×100%

（1）营业利润是指企业营业收入减营业成本、税金及附加，剔除期间费用和资产减值损失，再考虑公允价值变动收益和投资收益之后的利润额。

（2）营业利润率越高，企业销售商品额提供的营业利润越多，当期费用如管理费用、销售费用等越低，企业的盈利能力越强。

（3）营业利润率越低，企业盈利能力越弱，当期费用如管理费用、销售费用等就越高。

练习 3-11

根据表3-2的资料，可计算ABC股份有限公司营业利润率如下：

20×7 年营业利润率＝（1 393 400÷4 750 000）×100%＝29.33%

20×8 年营业利润率＝（1 462 000÷5 000 000）×100%＝29.24%

结论：说明 ABC 股份有限公司的营业收入虽然增加了，但是营业利润率略有下降。

---

3. 销售净利率

销售净利率是净利润与销售收入之比。

计算公式为：

销售净利率＝（净利润÷销售收入）×100%

（1）销售净利率用于反映产品最终的盈利能力。该比率越大，企业的盈利能力越强。

（2）净利率是企业竞争力的一种间接表现。

可以判断 ①企业运作是否效率
②企业产品是否有市场
③企业负债水平高低

（3）净利率与毛利率相比较，可以知道企业的期间费用及当期损益（资产减值损失、公允价值变动损益、投资收益）对企业利润的损耗。

练习 3-12

根据表 3-2 资料，可计算销售净利率如下：

20×7 年销售净利率＝（1 055 880÷4 750 000）×100%＝22.23%

20×8 年销售净利率＝（1 107 400÷5 000 000）×100%＝22.15%

结论：20×8 年销售净利率指标比上年略有下降。说明企业盈利能力有所下降，企业应查明原因，采取相应措施，提高盈利水平。

（二）结合资产结构分析企业盈利能力

1. 总资产净利率

总资产净利率是净利润与平均总资产的比率，它反映每 1 元总资产创造的净利润。

计算公式为：

总资产净利率＝（净利润÷平均总资产）×100%

总资产净利率＝净利润÷平均总资产
＝（净利润÷销售收入）×（销售收入÷平均总资产）
＝销售净利率×总资产周转次数

（1）总资产净利率是衡量企业盈利能力的指标。该指标反映企业资产的利用效果：总资产净利率越高，表明企业资产的利用效果越好。

影响总资产净利率的驱动因素：销售净利率和总资产周转次数。

（2）提高总资产周转率的方法：提高销售净利率、加速资产周转。

练习 3-13

根据表 3-1、表 3-2 的资料，ABC 股份有限公司 20×7 净利润为 1 055 880 元，年末资产总额 8 587 900 元；20×8 年净利润 1 107 400 元，年末资产总额 8 509 781 元。假设 20×7 年年初资产总额 6 637 600 元，则 ABC 股份有限公司总资产净利率计算如下：

20×7 年总资产净利率＝1 055 880÷［(6 637 600＋8 587 900)÷2］×100％＝13.87％

20×8 年总资产净利率＝1 107 400÷［(8 587 900＋8 509 781)÷2］×100％＝12.95％

(1) 结论：总资产净利率下降，表明企业盈利能力减弱。

(2) 问题：销售净利率和总资产周转率均下降，导致总资产净利率下降。

(3) 解决方法：应进一步分析产品盈利能力和资产周转能力下降的原因，通过提高销售净利率和总资产周转率改善企业整体盈利水平。

2. 总资产报酬率

总资产报酬率又称资产所得率，指企业一定时期内获得的报酬总额与资产平均总额的比率。它表示企业包括净资产和负债在内的全部资产的总体获利能力，用以评价企业运用全部资产的总体获利能力，是评价企业资产运营效益的重要指标。

计算公式为：

总资产报酬率＝(息税前利润÷平均总资产)×100％

＝［(利润总额＋利息费用)÷平均总资产］×100％

练习 3-14

根据表 3-1、表 3-2 的资料，且假设财务费用全部为利息费用，ABC 股份有限公司 20×7 利润总额为 1 508 400 元，利息费用为 158 000 元，年末资产总额 8 587 900 元；20×8 年利润总额为 1 582 000 元，利息费用为 170 000 元，年末资产总额 8 509 781 元。假设 20×7 年初资产总额 6 637 600 元，则 ABC 股份有限公司总资产报酬率计算如下：

20×7 年总资产报酬率＝(1 508 400＋158 000)÷［(6 637 600＋8 587 900)÷2］×100％＝21.89％

20×8 年总资产报酬率＝(1 582 000＋170 000)÷［(8 587 900＋8 509 781)÷2］×100％＝20.49％

(1) 结论：总资产报酬率下降，企业盈利能力减弱。

(2) 措施：需要对公司资产的使用情况、增产节约情况，结合成本效益指标一起分析，以改进管理，提高资产利用效率和企业经营管理水平，增强盈利能力。

3. 权益净利率

权益净利率又叫净资产收益率或权益报酬率，是净利润与平均股东权益的比率，它反映每 1 元股东权益赚取的净利润，可以衡量企业的总体盈利能力。

计算公式：

股东的所得　　股东的投入

↓　　　　　　↑

权益净利率＝（净利润÷平均所有者权益）×100％

（1）权益净利率指标是企业盈利能力指标的核心，也是杜邦财务指标体系的核心。

（2）权益净利率越高，股东和债权人的利益保障程度越高。如果企业的权益净利率在一段时期内持续增长，说明资本盈利能力稳定上升。

（3）权益净利率不是一个越高越好的概念，分析时要注意企业的财务风险。

权益净利率＝净利润÷平均净资产＝（净利润÷平均总资产）×（平均总资产÷平均净资产）＝总资产净利率×权益乘数

（4）提高权益净利率，可以通过改善资产盈利能力、增加企业负债实现。如果不改善资产盈利能力，单纯通过加大举债提高权益乘数进而提高净资产收益率的做法则十分危险。因为企业负债经营的前提是有足够的盈利能力保障偿还债务本息，单纯增加负债对净资产收益率的改善只具有短期效应，最终将因盈利能力无法涵盖增加的财务风险而使企业面临财务困境。

（5）只有当企业权益净利率上升，同时财务风险没有明显加大，才能说明企业财务状况良好。

练习 3-15

据表 3-1、表 3-2 资料，ABC 股份有限公司 20×7 年净利润为 1 055 880 元，年末所有者权益为 5 331 500 元；20×8 年净利润为 1 107 400 元，年末所有者权益为 5 714 073.75 元。假设 20×7 年年初所有者权益为 4 813 900 元，则 ABC 股份有限公司净资产收益率为：

20×7 年净资产收益率＝1 055 880÷［（4 813 900＋5 331 500）÷2］×100％＝20.81％

20×8 年净资产收益率＝1 107 400÷［（5 331 500＋5 714 073.75）÷2］×100％＝20.05％

（1）结论：该公司所有者权益的增长快于净利润的增长，20×8 年净资产收益率要比上年低了一点，从所有者的角度看，盈利能力有所降低。

（2）措施：由前面的计算结果可以发现，企业权益乘数有所下降，且资产净利率也有所降低。说明企业在没有很好地利用财务杠杆的同时，资产盈利水平也下降，使得净资产收益率下降，企业可以适当利用财务杠杆，加强盈利能力。

（三）上市公司财务指标分析

1. 每股收益

每股收益即每股盈利，又称每股税后利润、每股盈余，是指普通股股东每持有一股普通股所能享有的企业净利润或需承担的企业净亏损。每股收益是综合反映企业盈利能力的重要指标，可以用来判断和评价管理层的经营业绩。

每股收益包括基本每股收益和稀释每股收益。

（1）基本每股收益

计算公式为：

基本每股收益＝归属于公司普通股股东的净利润÷发行在外的普通股加权平均数

其中：

发行在外的普通股加权平均数＝期初发行在外普通股股数＋当期新发普通股股数×已发行时间÷报告期时间－当期回购普通股股数×已回购时间÷报告期时间

练习 3-16

ABC 公司 20×8 年归属于普通股股东的净利润为 4 760 万元，公司适用的所得税税率为 25%。其他资料如下：

[资料 1] 20×8 年年初股东权益合计为 10 000 万元，其中普通股股本 4 000 万元（每股面值 1 元，全部发行在外）；

[资料 2] 20×8 年 3 月 1 日新发行 2 400 万股普通股，发行价格为 5 元，不考虑发行费用；

[资料 3] 20×8 年 12 月 1 日按照每股 4 元的价格回购 600 万股普通股。

ABC 公司 20×8 年的基本每股收益计算如下：

20×8 年年初的发行在外普通股股数＝4 000÷1＝4 000（万股）

20×8 年发行在外普通股加权平均数＝4 000＋2 400×10÷12－600×1÷12＝5 950（万股）

基本每股收益＝4 760÷5 950＝0.8（元/股）

（2）稀释每股收益

稀释每股收益又称“冲淡每股收益”，用来评价“潜在普通股”对每股收益的影响，以避免该指标虚增可能带来的信息误导。潜在普通股主要包括可转换公司债券、认股权证、股份期权。

计算稀释每股收益时：

↗ 分子——调整项目为可转换公司债券当期已确认为费用的利息等的税后影响额；

↘ 分母——调整项目为假设可转换公司债券当期期初或发行日转换为普通股的股数加权平均数。

【提示】

计算稀释每股收益时：

分子——净利润金额一般不变；

分母——把增加的普通股股数调整进去，同时还应考虑时间权数。

练习 3-17

某公司 20×8 年 1 月 2 日发行票面利率 4%的可转换公司债券，面值 800 万元，每 100 元债券可转换为 1 元面值的普通股 90 股。20×8 年净利润 4 500 万元。20×8 年发行在外普通股 4 000 万股，所得税税率为 25%。

①基本每股收益＝4 500÷4 000＝1.125（元/股）

②稀释的每股收益

净利润的增加＝800×4%×（1－25%）＝24（万元）（不付息，净利润的增加）

普通股股数的增加＝800÷100×90＝720（万股）

稀释的每股收益＝（4 500＋24）÷（4 000＋720）＝0.96（元/股）

练习 3-18

沿用【练习 3-16】的资料，同时假设 20×8 年年初按面值的 110%发行总额为 880 万元的可转换公司债券，票面利率为 4%，每 100 元面值债券可转换为 90 股普通股。ABC 公司 20×8 年稀释每股收益计算如下：

可转换债券的总面值＝880÷110%＝800（万元）

增加的普通股股数＝800÷100×90＝720（万股）

净利润的增加＝800×4%×（1－25%）＝24（万元）

普通股加权平均数＝5 950＋720＝6 670（万股）

稀释的每股收益＝（4 760＋24）÷6 670＝0.72（元）

【提示】

使用每股收益分析盈利性注意：

①每股收益不反映股票所含有的风险。

例如：假设某公司原来经营日用品的产销，最近转向房地产投资，公司的经营风险增大了许多，但每股收益可能不变或提高，并没有反映风险增加的不利变化。

②股票是一个“份额”概念，不同股票的每一股在经济上不等量，它们所含有的净资产和市价不同即换取每股收益的投入量不相同，限制了每股收益在公司间的比较。

③每股收益多，不一定意味着多分红，还要看公司股利分配政策。

2. 市盈率

市盈率是股票每股市价与每股收益的比率，反映普通股股东为获取 1 元净利润所愿意支付的股票价格。

计算公式为：

市盈率＝每股市价÷每股收益

练习 3-19

沿用【练习 3-16】的资料，同时假定 ABC 公司 20×8 年末每股市价为 20 元。则该公司 20×8 年年末市盈率计算如下：

市盈率＝20÷0.8＝25（倍）

结论：市盈率的高低反映了市场上投资者对股票投资收益和投资风险的预期。

（1）市盈率越高，投资者对股票的收益预期越看好，投资价值越大；市盈率越低，投资者对该股票评价越低。

（2）市盈率越高，获得一定的预期利润投资者需要支付更高的价格，投资于该股票的风险越大；市盈率越低，投资于该股票的风险越小。

（3）成长性行业的企业，市盈率比较高；成长性不高、缺乏成长性的企业，市盈率比较低。

（4）使用市盈率分析前提：每股收益维持在一定水平之上；如果每股收益很小或接近亏损（但股票市价不会降至为零），导致市盈率极高，高的市盈率不能说明任何问题。

（5）市盈率除了受企业本身基本面的影响外，还受到整个经济景气程度的影响：经济繁荣，市盈率上升；经济衰退，市盈率下降。

（6）进行不同期间以及同行业不同公司之间的比较或与行业平均市盈率进行比较，以判断股票的投资价值。

拓展阅读

使用市盈率时该注意的问题

如果一家公司股票的市盈率过高，那么该股票的价格具有泡沫，价值被高估。当一家公司增长迅速以及未来的业绩增长非常被看好时，利用市盈率比较不同股票的投资价值时，这些股票必须属于同一个行业，因为这类公司的每股收益比较接近，相互比较才有效。

3. 每股股利

每股股利是企业股利总额与普通股股数的比值，反映股份公司每一股普通股获得股利多少的一个指标，指标值越大表明获利能力越强。

计算公式为：

每股股利＝现金股利总额÷期末发行在外的普通股股数

练习 3-20

沿用【练习 3-16】的资料，同时假设 20×8 年 ABC 公司发放现金股利 290 万元。ABC 公司 20×8 年的每股股利计算如下：

20×8 年年末的普通股股数＝4 000＋2 400－600＝5 800（万股）

20×8 年每股股利＝290÷5 800＝0.05（元）

（1）由于净利润是股利分配的来源，因此每股股利的多少很大程度取决于每股收益的多少。

（2）上市公司每股股利发放受上市公司盈利能力大小以及企业股利发放政策及投资机会的影响。

（3）使用每股股利分析上市公司的投资回报时，应比较连续几个期间的每股股利，以评估股利回报的稳定性并做出收益预期。

4. 股利支付率

股利支付率反映每股股利和每股净收益之间关系的一个重要指标。

计算公式为：

股利支付率＝每股股利÷每股净收益×100％＝股利总额÷净利润总额

练习 3-21

用【练习 3-16】的资料，同时假设 20×8 年 ABC 公司发放现金股利 1 904 万元。ABC 公司 20×8 年的股利支付率计算如下：

20×8 年股利支付率＝（1 904÷4 760）×100％＝40％

结论：股利支付率反映每 1 元净利润有多少用于普通股股东的现金股利发放，反映普通股股东的当期收益水平。

借助于该指标，投资者可以了解一家上市公司的股利发放政策。

模块十二 营运能力分析

一、认知营运能力分析

（一）营运能力概念

资产的营运能力表现为企业资产所占用资金的周转速度，反映企业资金利用的效率，表明企业管理人员经营管理、运用资金的能力。

企业生产经营资金周转的速度越快，表明企业资金利用效果越好，效率越高，企业管理人员的经营能力越强。

（二）企业营运能力与偿债能力和盈利能力的关系

资产周转的快慢直接影响着企业的流动性，周转越快的资产，流动性越强。

例如，同是存货，甲存货在 1 个月内就完成一次周转，乙存货则需要 10 个月才完成一次周转。显然，甲存货的流动性大大地强于乙存货。

资产只有在周转运用中才能带来收益，资产周转越快，同样的时间内就能为企业带来更多的收益。

二、营运能力分析常用指标

（一）应收账款周转率

1. 应收账款周转率

应收账款周转率是一定时期营业收入（销售收入）与应收账款平均余额的比率，表明一定时期内应收账款周转的次数，或者说每 1 元应收账款投资支持的营业收入。

计算公式为：

应收账款周转率（次数）＝营业收入÷应收账款平均余额

＝营业收入÷［(期初应收账款＋期末应收账款）÷2］

2. 应收账款周转天数

应收账款周转天数也称为应收账款平均收现期，表明从销售开始到收回现金平均需要的天数。

计算公式为：

应收账款周转天数＝计算期天数÷应收账款周转次数

＝计算期天数×应收账款平均余额÷营业收入

一般来说，应收账款周转率越高、周转天数越短表明应收账款管理效率越高。

3. 分析

(1) 销售收入的赊销比例问题。使用扣除销售折扣和折让后的销售收入净额进行计算。

(2) 应收账款期末余额的可靠性问题。用应收账款周转率进行业绩评价时，可以使用年初和年末的平均数。

(3) 应收账款的减值准备问题。计提坏账准备越多，应收账款周转率越高、周转天数越少，对应收账款实际管理欠佳的企业反而会得出应收账款周转情况更好的错误结论。所以计算应收账款周转率时，应收账款应为未扣除坏账准备的金额。

(4) 应收账款包括财务报表中“应收账款”和“应收票据”等全部赊销账款在内，因为应收票据是销售形成的应收款项的另一种形式。

4. 作用

应收账款周转率反映了企业应收账款周转速度的快慢及企业对应收账款管理效率的高低。

在一定时期内周转次数多，周转天数少表明：企业收账迅速，信用销售管理严格，应收账款流动性强，从而增强企业短期偿债能力，可以减少应收账款和坏账损失，相对增强企业流动资产的投资收益，通过比较企业应收账款周转天数及企业信用期限，可以评价客户的信用程度，调整企业信用政策。

练习 3-22

根据表 3-1、表 3-2，ABC 股份有限公司 20×8 年度营业收入 5 000 000 元，20×8 年年末应收账款、应收票据为 664 200（598 200＋66 000）元，年初数为 545 100（299 100＋246 000）元。假设年初、年末坏账准备均为零，一年按照 360 天计算，则 20×8 年该公司应收账款周转指标计算如下：

应收账款周转次数＝5 000 000÷［(664 200＋545 100）÷2］＝8.269（次）

应收账款周转天数＝360÷8.269＝43.536（天）

分析评价应收账款周转率时，需要注意以下几个问题。

(1) 营业收入的赊销比例问题。从理论上说应收账款是赊销引起的，其对应的流量是赊销额，而非全部营业收入。因此，计算时应使用赊销额取代营业收入。但是，外部分析者很难取得赊销的数据，因此，只要这个公司赊销比率稳定，利用营业收入计算应收账款周转率不会妨碍与上期数据的可比性，只是高估了周转次数。

(2) 应收账款的减值准备问题。财务报表上列示的应收账款是已经提取减值准备后的净额，而营业收入并没有相应减少。其结果是提取的减值准备越多，应收账款周转天数越少。这种周转天数的减少不是好的业绩，反而说明应收账款管理欠佳。如果减值准备的数额较大，就应进行调整，使用未提取坏账准备的应收账款计算周转天数。

(3) 应收票据是否计入应收账款周转率。大部分应收票据是销售形式的，只不过是应收账款的另外一种形式，应将其纳入应收账款周转天数的计算，称为“应收账款及应收票据周转天数”。

(二) 存货周转率

1. 存货周转率（次数）

存货周转率是指一定时期内营业成本与存货平均资金占用额的比率，表明一定时期存货周转的次数。

计算公式为：

存货周转次数＝营业成本÷［（期初存货＋期末存货）÷2］

2. 存货周转天数

存货周转天数是指存货周转一次需要的时间，也就是存货转换成现金平均需要的时间。

计算公式为：

存货周转天数＝计算期天数÷存货周转次数＝计算期天数×存货平均余额÷营业成本

练习 3-23

根据表 3-1、表 3-2，ABC 股份有限公司 20×8 年度营业成本为 3 500 000 元，期初存货 2 580 000 元，期末存货 2 484 700 元，该公司存货周转率指标为：

存货周转次数＝3 500 000÷［（2 580 000＋2 484 700）÷2］＝1.382（次）

存货周转天数＝360÷1.382＝260.492（天）

---

3. 分析

(1) 存货周转速度越快，存货占用水平越低，流动性越强，存货转化为现金或应收账款的速度就越快，这样会增强企业的短期偿债能力及盈利能力。

(2) 通过存货周转速度分析，有利于找出存货管理中存在的问题，尽可能降低资金占用水平。

(3) 存货计价方法对存货周转率具有较大的影响，因此，在分析企业不同时期或不同企业的存货周转率时，应注意存货计价方法是否一致。

（4）为了改善资产报酬率，企业管理层可能会希望降低存货水平和周转期，有时受人为因素影响，该指标不能准确地反映存货资产的运营效率。

（5）在分析中不可忽视因存货水平过高或过低而造成的一些相关成本，如存货水平过低会造成失去顾客信誉、销售机会及生产延后。

（三）流动资产周转率

1. 流动资产周转率

流动资产周转率是反映企业流动资产周转速度的指标。流动资产周转率（次数）是营业收入与流动资产的比率。

计算公式为：

流动资产周转次数＝营业收入÷流动资产平均余额

流动资产周转天数＝计算期天数÷流动资产周转次数

＝计算期天数×流动资产平均余额÷营业收入

其中：　流动资产平均余额＝（期初流动资产＋期末流动资产）÷2

2. 分析

（1）流动资产周转次数，表明一定时期流动资产周转的次数，或者说明每1元流动资产支持的营业收入。

（2）流动资产周转天数表明流动资产周转一次需要的时间，也就是流动资产转换成现金平均需要的时间。

（3）一定时期内，流动资产周转次数越多，表明以相同的流动资产完成的周转额越多，流动资产利用效果越好；流动资产周转天数越少，表明流动资产在经历生产销售各阶段所占用的时间越短，可相对节约流动资产，增强企业盈利能力。

练习 3-24

根据表3-1、表3-2，ABC股份有限公司20×8年营业收入为5 000 000元，20×8年流动资产期初数为4 506 400元，期末数3 893 031元，则该公司流动资产周转指标计算如下：

流动资产周转次数＝5 000 000÷［（4 506 400＋3 893 031）÷2］＝1.191（次）

流动资产周转天数＝360÷1.191＝302.267（天）

（四）固定资产周转率

1. 固定资产周转率（次数）

固定资产周转率是指营业收入与固定资产的比率。它是反映企业固定资产周转情况，从而衡量固定资产利用效率的一项指标。

计算公式为：

固定资产周转率（次数）＝营业收入÷平均固定资产

$$固定资产周转天数=计算期天数\div固定资产周转次数$$
$$=计算期天数\times平均固定资产\div营业收入$$

其中：
$$平均固定资产=（期初固定资产+期末固定资产）\div 2$$

2. 分析

（1）固定资产周转率表明一定时期固定资产周转的次数，或者说每 1 元固定资产支持的营业收入。

（2）固定资产周转天数表明固定资产周转一次需要的时间，也就是固定资产转换成现金平均需要的时间。

练习 3-25

根据表 3-1、表 3-2，ABC 股份有限公司 20×7、20×8 年的营业收入分别 4 750 000 元、5 000 000 元，20×8 年年初固定资产为 1 100 000 元，20×8 年年末为 2 201 000 元。假设 20×7 年年初固定资产为 1 000 000 元，则固定资产周转指标计算如下：

20×7 年固定资产周转率＝4 750 000÷［（1 000 000＋1 100 000）÷2］＝4.524（次）

20×7 年固定资产周转天数＝360÷4.524＝79.576（天）

20×8 年固定资产周转率＝5 000 000÷［（1 100 000＋2 201 000）÷2］＝3.029（次）

20×8 年固定资产周转天数＝360÷3.029＝118.851（天）

结论：20×7 年固定资产周转率为 4.524 次，20×8 年固定资产周转率为 3.029 次，说明 20×8 年度周转速度比上年要慢，其主要原因在于营业收入增长幅度要小于固定资产增长幅度，说明企业营运能力有所减弱。这种减弱幅度是否合理，还要视公司目标及与同行业水平进行比较后才可确定。

（五）总资产周转率

1. 总资产周转率（次数）

总资产周转率是指营业收入与总资产的比率。

计算公式为：

$$总资产周转率（次数）=营业收入\div总资产平均总额$$

$$=\frac{营业收入}{流动资产平均余额}\times\frac{流动资产平均余额}{总资产平均余额}=流动资产周转率\times流动资产占总资产平均比重$$

$$=\frac{营业收入}{固定资产平均余额}\times\frac{固定资产平均余额}{总资产平均余额}=固定资产周转率\times固定资产占总资产平均比重$$

$$总资产周转天数=计算期天数\div总资产周转次数=计算期天数\times总资产平均总额\div营业收入$$

其中：
$$总资产平均总额=（期初总资产+期末总资产）\div 2$$

$$总资产周转天数=\frac{360}{总资产周转率}=\frac{360\times（流动资产平均余额+固定资产平均余额）}{营业收入}$$

＝流动资产周转天数＋固定资产周转天数

2. 分析

（1）总资产周转率表明一定时期总资产周转的次数，或者说明每1元总资产支持的营业收入。

（2）总资产周转天数表明总资产周转一次需要的时间，也就是总资产转换成现金平均需要的时间。

（3）这一比率用来衡量企业资产整体的使用效率。总资产由各项资产组成，在营业收入既定的情况下，总资产周转率的驱动因素是各项资产。通过驱动因素分析，可以了解总资产周转率变动是由哪些资产项目引起的以及哪些因素是影响较大的因素，从而为进一步分析指出方向。

练习 3-26

根据表3-1、表3-2，20×7年ABC股份有限公司营业收入为4 750 000元，20×8年为5 000 000元，20×8年年初资产总额为8 587 900元，20×8年年末为8 509 781元。假设20×7年年初资产总额6 637 600元，则该公司20×7、20×8年总资产周转率计算如下：

20×7年总资产周转率＝4 750 000÷［（8 587 900＋6 637 600）÷2］＝0.624（次）

20×8年总资产周转率＝5 000 000÷［（8 587 900＋8 509 781）÷2］＝0.585（次）

结论：ABC股份有限公司20×8年总资产周转率比上年减慢，这与前面计算分析固定资产周转速度减慢结论一致。该公司应扩大销售额，处理闲置资产，以提高资产使用效率。

模块十三　发展能力分析

一、认知发展能力

企业的发展能力，又称为企业的增长能力或成长能力。根据很多企业因成长过快而破产的事实可知：增长率达到最大化不一定代表企业价值最大化，增长并不是一件非要达到最大化不可的事情。在很多企业，保持适度的增长率，在财务上积蓄能量是非常必要的。总之，从财务角度看，企业的发展必须具有可持续性的特征，即在不耗尽财务资源的情况下，企业财务具有增长的最大可能。

企业财务分析是一个动态与静态相结合的分析过程。首先，企业价值在很大程度上取决于未来的盈利能力，取决于营业收入、收益及股利的未来增长，而不是企业过去或者目前所取得的收益情况。其次，无论是增强企业的盈利能力、偿债能力还是提高资产营运效率，都是为了企业未来的活力需要，都是为了提升企业的发展能力，也就是说发展能力是企业盈利能力、营运能力和偿债能力的综合体现。所以，要全面衡量一个企业的价值，就不应该仅仅从静态的角度分析其经营能力，而更应该着眼于从动态的角度出发，分析和预测企业的经营发展性水平，即发展能力。

考核企业的发展能力，可以抑制企业的短期行为，有利于完善现代企业制度。企业的短期行为集中表现为追求眼前的利润，忽视企业资产的保值与增值。为了实现短期利润，有些企业不惜拼耗设备、少计费用和成本。增加了对企业发展能力的考核后，不仅要考核企业目前实现的利润，还要考核企业资产的保值与增值情况，这就可以从一定程度上抑制企业的短期行为，真正增加企业的经济实力，完善现代企业制度。

二、发展能力分析常用指标

（一）销售增长指标

反映企业销售增长情况的财务比率主要有营业收入增长率和三年营业收入平均增长率。

1. 营业收入增长率

营业收入增长率是指企业本年营业收入增长额与上年营业收入总额的比率。它反映企业营业收入的增减变动情况，是评价企业成长状况和发展能力的重要指标。

计算公式为：

$$营业收入增长率=本年营业收入增长额\div 上年营业收入总额\times 100\%$$

练习 3-27

根据表 3-2，20×7 年 ABC 股份有限公司营业收入为 4 750 000 元，20×8 年为 5 000 000 元，

营业收入增长率＝（5 000 000－4 750 000）÷4 750 000×100%＝5.26%

---

2. 三年营业收入平均增长率

为消除营业收入短期异常波动对该指标产生的影响，并反映企业较长时期的营业收入增长情况，可以计算多年的营业收入平均增长率，实务中一般计算三年营业平均增长率。

计算公式为：

$$三年营业收入平均增长率=\left(\sqrt[3]{\frac{年末营业收入总额}{三年前年末营业收入总额}}-1\right)\times 100\%$$

练习 3-28

根据表 3-2，20×8 年 ABC 股份有限公司营业收入为 5 000 000 元，20×5 年 ABC 股份有限公司营业收入为 2 500 000 元。

$$三年营业收入平均增长率=\left(\sqrt[3]{\frac{5000000}{2500000}}-1\right)\times 100\%=26\%$$

（二）资产增长指标

反映企业资产增长能力的财务比率包括企业资产规模增长率和资产成新率两个方面。

1. 资产规模增长率

对资产增长情况进行分析的方法可以分为绝对增长量分析和增长率分析两种，较为常用的是计算总资产增长率并进行分析。

（1）总资产增长率是指本年总资产增长额同年初（即上年末）资产总额的比率，该指标是从企业资产总量扩张方面衡量企业的发展能力，表明企业规模增长水平对企业发展后劲的影响。

计算公式为：

$$总资产增长率=本年总资产增长额\div 年初资产总额\times 100\%$$

该指标越高，表明企业一个经营周期内资产经营规模扩张的速度越快，但也应注意资产规模扩张的质与量的关系，以及企业的后续发展能力，避免资产盲目扩张。

练习 3-29

根据表 3-1，20×8 年 ABC 股份有限公司资产总额为 8 509 781 元，20×7 年 ABC 股份有限公司资产总额为 8 587 900 元。

$$总资产增长率=(8\ 509\ 781-8\ 587\ 900)\div 8\ 587\ 900\times 100\%=-0.91\%$$

（2）三年总资产平均增长率反映企业较长时期内的资产增长情况。

计算公式为：

$$三年总资产平均增长率=\left(\sqrt[3]{\frac{年末资产总额}{三年前年末资产总额}}-1\right)\times 100\%$$

2. 资产成新率

固定资产成新率又称“固定资产净值率”或“有用系数”，是企业当期平均固定资产净值同固定资产原值的比率，反映了企业所拥有的固定资产的新旧程度，体现了企业固定资产更新的快慢和持续发展的能力。该指标高，表明企业固定资产比较新，对扩大再生产的准备比较充足，发展的可能性比较大。

计算公式为：

$$固定资产成新率=平均固定资产净值\div 平均固定资产原值\times 100\%$$

式中，

（1）平均固定资产净值是指企业固定资产净值的年初数同年末数的平均值；

（2）平均固定资产原值是指企业固定资产原值的年初数同年末数的平均值。

该指标的运用要注意以下问题。

（1）运用该指标分析固定资产新旧程度时，应剔除企业应提未提折旧对房屋、机器设备等对固定资产真实状况的影响；

（2）在进行固定资产成新率指标的企业间比较时，加速折旧法下固定资产成新率要低于直线折旧法下的固定资产成新率；

（3）固定资产成新率受周期影响较大，一个处于发展期的企业与一个处于衰退期的企业的固定资产成新率明显会不同，虽然企业处于不同的阶段本身就反映了企业具有不同的发展能力，可以说处于发展期的企业的发展能力要高于处于成熟期或衰退期的企业，但在对企业作出评价时，仍需要考虑到企业所处周期阶段这一因素。

（三）企业财务发展能力指标

1. 资本积累率

资本积累率是指企业本年所有者权益增长额同年初所有者权益的比率。该指标反映企业所有者权益在当年的变动水平，体现了企业资本的积累情况，是企业发展强盛的标志，也是企业扩大再生产的源泉，展示了企业的发展潜力，是评价企业发展潜力的重要指标。

计算公式为：

资本积累率＝本年所有者权益增长额÷年初所有者权益×100%

练习 3-30

根据表 3-1，20×8 年 ABC 股份有限公司所有者权益总额为 5 714 073.75 元，20×7 年 ABC 股份有限公司所有者权益总额为 5 331 500 元。

资本积累率＝（5 714 073.75－5 331 500）÷5 331 500×100%＝7.18%

资本积累率反映了投资者投入企业资本的保全性和增长性，该指标越高，表示企业资本积累越多，企业资本保全性越强，应对风险、持续发展的能力越大。

2. 三年资本平均增长率

三年资本平均增长率是表示企业资本连续三年的积累情况，体现企业发展水平和发展趋势。

计算公式为：

$$三年资本平均增长率=\left(\sqrt[3]{\frac{年末所有者权益总额}{三年前年末所有者权益总额}}-1\right)\times 100\%$$

利用三年资本平均增长率指标，能够反映企业资本保全增值的历史发展状况，以及企业稳步发展的趋势。该指标越高，表明企业所有者权益得到的保障程度越大，企业可以长期使用的资金越充裕，抗风险和保持连续发展的能力越强。

在对资本扩张情况进行分析时还要注意所有者权益各类别的增长情况。

（1）一般来说实收资本的快速扩张来源于外部资金的加入，反映企业获得了新的资本，表明企业具备了进一步发展的基础，但并不表明企业过去具有很强的发展能力；

（2）如果资本的扩张主要来源于留存收益的增长，反映企业通过自身经营活动不断在积累发展后备资金，既反映了企业在过去经营过程中的发展能力，也反映了企业进一步发展的后劲。

习　题

一、单项选择题

1. 影响企业短期偿债能力的主要因素是（　　）。
   A. 盈利能力　　B. 销售收入
   C. 资产的结构　　D. 资产的变现能力
2. 企业的产权比率越低表明（　　）。
   A. 所有者权益的保障程度越高　　B. 负债在资产总额中所占的比重越小
   C. 债权人的风险越小　　D. 资本负债率越高
3. 流动比率小于 1 时，赊购原材料若干，将会（　　）。
   A. 增大流动比率　　B. 降低流动比率
   C. 降低营运资金　　D. 增大营运资金
4. 下列选项中，会导致资产负债率发生变化的是（　　）。
   A. 收回应收账款　　B. 用现金购买债券
   C. 接受所有者投资转入的固定资产　　D. 以固定资产对外投资
5. 短期债权人在进行决策时，最为关心的是（　　）。
   A. 企业的盈利能力　　B. 企业的发展能力
   C. 企业的流动性　　D. 企业的营运能力
6. 决定权益乘数大小的主要指标是（　　）。
   A. 资产周转率　　B. 销售净利润
   C. 资产利润率　　D. 资产负债率
7. 下列属于分析短期偿债能力财务指标的是（　　）。
   A. 现金比率　　B. 资产负债率
   C. 产权比率　　D. 权益乘数
8. 利息保障倍数是（　　）。
   A. 息税前利润与财务费用的比值　　B. 息税前利润与债务利息的比值
   C. 净利润与财务费用的比值　　D. 净利润与债务利息的比值
9. 在基本条件不变的情况下，下列经济业务可能导致总资产报酬率下降的是（　　）。
   A. 用银行存款支付一笔销售费用　　B. 用银行存款购入一台设备
   C. 将可转换债券转换为普通股　　D. 用银行存款归还银行借款
10. 下列各项中，提高企业净资产收益率指标的措施是（　　）。
    A. 降低利息保障倍数　　B. 提高资产负债率
    C. 提高速动比率　　D. 提高流动比率
11. 某企业 20×8 年平均总资产为 8 000 万元，实际销售收入净额为 5 500 万元，实现净利润为 380 万元，平均资产负债率为 60%，则该企业的净资产收益率为（　　）。
    A. 6.67%　　B. 6.91%

C. 11.88%　　D. 17.27%

12. 公司年初发行在外普通股股数为 1 亿股，20×8 年 3 月 1 日新发行 3 000 万股，20×8 年实现的净利润为 5 000 万元，则基本每股收益为（　　）。

A. 0.2　　B. 0.38

C. 0.4　　D. 0.42

13. 下列有关市盈率的表述中，正确的是（　　）。

A. 市场对公司资产质量进行评价时通常使用市盈率指标

B. 一些成长性较好的公司市盈率较低

C. 市盈率可用于任何企业之间的比较

D. 市盈率又称价格盈余比率

14. 如果企业闲置设备很多，管理效率低下，则表明固定资产周转率（　　）。

A. 高　　B. 低

C. 不变　　D. 波动幅度大

15. 下列各项中，反映企业全部资产使用效率的指标是（　　）。

A. 净资产收益率　　B. 资产总额

C. 总资产周转率　　D. 利润总额

16. 某企业年度业务收入为 268 000 元，流动资产平均占用额为 67 000 元，则该企业流动资产周转天数为（　　）。

A. 4 天　　B. 15 天

C. 60 天　　D. 90 天

17. ABC 公司年末流动负债为 2 000 万元，流动比率为 2，速动比率为 0.8，销售成本为 30 000 万元，年初存货为 1 600 万元，则本年度的存货周转率为（　　）。

A. 12.5　　B. 15

C. 18.75　　D. 20

18. 下列财务比率中，反映企业营运能力的是（　　）。

A. 资产负债率　　B. 流动比率

C. 存货周转率　　D. 利息保障倍数

19. 三年销售（营业）平均增长率指标，主要反映的是（　　）。

A. 企业营业短期波动增长情况　　B. 企业营业长期波动增长情况

C. 企业经营周期内的资产扩张情况　　D. 企业销售（营业）增长趋势与稳定程度

20. 甲、乙公司固定资产规模相等，如果甲公司采用直线法折旧，乙公司采用双倍余额递减法折旧，则对固定资产成新率的影响是（　　）。

A. 甲公司固定资产成新率大于乙公司固定资产成新率

B. 乙公司固定资产成新率大于甲公司固定资产成新率

C. 甲公司平均固定资产原值大于乙公司固定资产平均固定资产原值

D. 乙公司平均固定资产原值大于甲公司固定资产平均固定资产原值

二、多项选择题

1. 企业偿债能力分析的作用包括（　　）。
   A. 有利于投资者进行正确的投资决策
   B. 有利于企业经营者进行正确的经营决策
   C. 有利于债权人进行正确的借贷决策
   D. 有利于正确评价企业的财务状况
2. 企业采用备抵法核算坏账损失，如果实际发生一笔坏账，转销应收账款，则会引起（　　）。
   A. 流动比率提高　　B. 速动比率降低
   C. 流动比率不变　　D. 速动比率不变
3. 企业采用备抵法核算坏账损失，如果实际发生一笔坏账，转销应收账款，则会引起（　　）。
   A. 流动比率提高　　B. 速动比率降低
   C. 流动比率不变　　D. 速动比率不变
4. 甲、乙两家公司税后净利润分别为 75 万元和 67.5 万元，所得税税率为 25%，乙公司向外融资 100 万元，利率为 10%。则下列描述中，正确的有（　　）。
   A. 由于利息费用是正常融资成本，应该以息税前利润计算利息保障倍数
   B. 甲、乙公司息税前利润均为 100 万元
   C. 甲、乙公司税前利润分别是 100 万元和 90 万元
   D. 乙公司利息保障倍数大于 1
5. 分析企业短期偿债能力时，需要用到的财务指标有（　　）。
   A. 营运资本　　B. 流动比率
   C. 速动比率　　D. 现金比率
6. 影响速动比率的因素有（　　）。
   A. 应收账款　　B. 存货
   C. 短期借款　　D. 应收票据
7. 下列各项中，数值越高则表明企业获利能力越强的指标有（　　）。
   A. 销售净利率　　B. 资产负债率
   C. 净资产收益率　　D. 速动比率
8. 下列选项中，会影响资产净利率的有（　　）。
   A. 产品的价格　　B. 单位成本的高低
   C. 销售量　　D. 资产周转率
9. 下列各项中，可能直接影响企业总资产收益率指标的有（　　）。
   A. 提高销售净利率　　B. 提高总资产周转率
   C. 提高资产负债率　　D. 提高流动比率
10. 下列关于应收账款周转率的说法，正确的有（　　）。
    A. 公式的分子既可以是赊销收入也可以是所有的主营业务收入
    B. 公式的分母既包括应收账款也包括应收票据
    C. 公式的分母应当为扣除坏账准备后的净额

D. 公式的分子应使用平均占用额以保证和分母口径上的一致

11. 营运能力比率主要包括（　　）。

A. 营业周期　　B. 存货周转率

C. 应收账款周转率　　D. 资产负债率

12. 下列经济业务中，会影响企业应收账款周转率的有（　　）。

A. 赊销产成品　　B. 现销产成品

C. 期末收回应收账款　　D. 发生销售退回

13. 存货周转率偏低的原因有（　　）。

A. 应收账款增加　　B. 降价销售

C. 产品滞销　　D. 销售政策发生变化

三、计算分析题

计算结果除特别要求的以外，其余保留两位小数。

1. 某企业 20×8 年 7 月份的速动比率为 1.2，该企业流动资产包括存货、货币资金、以公允价值计量且其变动计入当期损益的金融资产和应收账款五个部分，其中应收账款占整个企业流动负债的比例为 40%。

要求：计算该企业 7 月份的现金比率，并作简要评价。

2. 某公司 20×8 年年末的资产负债表如下。

资产负债表

20×8 年 12 月 31 日　　单位：万元

资产	金额	权益	金额
货币资金	26 890	应付票据	5 634
以公允价值计量且其变动计入当期损益的金融资产	10 478	应付账款	54 258
应收账款	176 674	应交税费	9 472
存货	321 830	其他应付款	66 438
预付账款	16 442	应付债券	172 470
固定资产	212 134	长期借款	41 686
无形资产	75 008	实收资本	92 400
其他资产	8 946	未分配利润	406 044
资产总计	848 402	权益总计	848 402

要求：计算该公司的资产负债率、产权比率和权益乘数，并简要说明三个指标的共同经济含义，指出分析中存在的共同问题。

3. 指出下列会计事项对有关指标的影响，增加用“+”表示，减少用“−”表示，没有影响用“0”表示。假设原来的流动比率为 2。

事　项	营运资金	流动比率
1. 发行股票取得资金		
2. 货币资金购买交易性金融资产		
3. 持有至到期投资重分类为可供出售金融资产		
4. 以低于账面价值的价格出售无形资产		
5. 赊销（售价大于成本）		

4. G上市公司20×7年年初发行在外普通股总数为1.495亿股，20×7年8月1日增发新股3 000万股；P上市公司20×7年年初发行在外普通股总数2亿股，20×7年9月1日按10∶3的比例派发股票股利。两家上市公司20×7年的净利润均为1.8亿元。

要求：计算两家上市公司的基本每股收益。

5. 某公司20×7年12月31日的资产负债表的有关数据摘录如下。

资产负债表

20×7年12月31日　　　　单位：万元

资产	金额	负债及所有者权益	金额
货币资金	34	应付账款	C
应收账款	A	应交税费	36
存货	B	长期负债	D
固定资产	364	实收资本	320
无形资产	26	未分配利润	E
总计	568	总计	568

20×7年其他资料如下。

(1) 流动比率为1.78；

(2) 产权比率为0.6；

(3) 存货周转率为10次（假定期初存货与期末存货相等）；

(4) 销售毛利为70万元，销售毛利率为7%。

要求：计算表中空缺项目的金额。

6. 某公司20×7年有关报表如下。

资产负债表（表一）

单位：万元

项目	金额	项目	金额
货币资金	390	短期借款	390
短期投资	260	应付账款	260
应收票据	132.6（年初218.4）	长期负债	1 267.5
应收账款	127.4（年初106.6）	所有者权益	1 332.5（年初1 007.5）

续表

项目	金额	项目	金额
存货	650（年初 598）		
固定资产	1671.8（年初 278.2）		
无形资产	18.2		
资产合计	3 250	负债与所有者权益合计	3 250

利润表部分数据（表二）

单位：万元

业务收入	3 900
业务成本	3 120
财务费用	13
税前利润	117
税后净利	70.2

其他有关资料如下表。

表三

比率名称	同行业平均水平	本企业水平
流动比率	2.0	
速动比率	1.0	
存货周转率	6 次	
应收账款周转天数	30 天	
销售净利率	9%	
权益净利率	10%	

要求：

根据以上资料，计算该公司 20×7 年的各项财务比率（直接将计算结果填在表三中），并与同行业平均水平进行比较，对公司财务状况作简要评价。

第四单元

财务报表综合分析

学习
目标

• 知识目标

通过本项目学习，掌握沃尔评分法和杜邦分析法的综合分析方法。

• 技能目标

通过本项目学习，能够独立进行沃尔分析、杜邦分析。

引入案例

财务分析的最终目的在于全方位地了解企业经营理财状况，并借此对企业经济效益的优劣作出系统、合理的评价。单独分析任何一项财务指标，都难以全面评价企业的财务状况和经营成果，要想对企业财务状况和经营成果有“把握全局”的评价，就必须进行财务指标相互关联的分析，采用适当的标准进行综合性的评价。

（一）财务报表综合指标分析的含义

所谓财务报表综合指标分析，就是将企业的营运能力、偿债能力、获利能力和发展能力指标等诸方面纳入一个有机的整体之中，全面地对企业经营状况、财务状况进行揭示和披露，从而对企业经济效益的优劣作出准确评价与判断。

我们可以把财务报表分析中的比率分析想象成侦探小说中的线索：每一个比率都是案件告破的线索之一，每一条线索都会让读者更多地怀疑小 A 是凶手，并确认小 B 一定不是凶手，当然，也有一些线索可能会误导读者，让我们觉得小 B 又是凶手又是卧底。最终，福尔摩斯全面地分析了故事发展的原委，告诉我们，哪些线索我们只看到了现象，没有听到声音，所以我们误解了小 B，他逐一分析，把整个案件分析得水落石出。

财务比率也一样，一个或几个比率的机械性计算并不能自动生成对复杂的企业财务状况的最终评价，甚至也会出现一个或几个比率误导报表使用者的假象，但只要全面地结合企业的管理水平及经济环境，并逐一确认各个比率的内容，一样可以分析出关于企业状况的“发人深省的故事”。财务报表综合指标分析就是这么一个福尔摩斯，它用模型化的数据，全面分析企业的财务状况。

（二）财务报表综合指标分析的特点

既然是福尔摩斯，那么他就有自己的特点——所谓身材削瘦、有着鹰钩鼻、头戴猎帽、肩披风衣、口衔烟斗，那就一定是我们的大侦探。综合指标分析也一样，要想全面地评价企业的财务状况和经营成果，这一综合指标就要有一些基本特点，具体表现如下。

（1）综合指标涉及的财务比率要齐全。所谓齐全，就是说这个综合指标要同时考量企业的营运能力、偿债能力、获利能力和发展能力等所有内容，仅仅分析企业的某一方面的财务指标不能称为综合指标。

（2）整个指标体系中应该是主辅指标功能匹配。这就好比破案，福尔摩斯也有几个助手，针对凶手留下的线索，有擅长分析枪伤的，有擅长分析刀伤的，不同的情况下要有不同的人主导，才能各尽其能，找到真正的元凶。报表综合指标分析也一样，一方面，在进行企业营运能力、支付能力和获利能力等财务状况的评价时，整个综合指标中需要有主要指标和辅助指标，以便明确总体结构分析中各项指标的主辅作用。另一方面，不同的综合分析中，企业应该有不同侧重点，对于债权人，进行综合分析时的侧重点是偿债能力和支付能力，但是如果是股东，进行综合分析时的侧重点就是营运能力和发展能力。

（3）综合指标分析要能满足多方信息的需要。既然是综合指标，就一定要能提供多层次、多角度的信息，满足多方需求。如企业内部管理当局看了综合指标，能知道自己的问题所在，以便确认下一步的改善方向；外部投资者看了综合指标，能确认自己的投资是不是划算，是否需要追加投资等。

模块十四　认知财务报表综合分析

一、财务报表综合分析概述

（一）财务报表综合分析概念

综合分析是对企业的各个方面进行系统、全面的分析，从而对企业的财务状况和经营成果作出整体的评价与判断。

一是通过综合分析有利于把握不同财务指标之间的相互关联关系。

二是通过综合分析有利于正确地评判企业的财务状况和经营成果。

（二）财务综合分析与评价的特点

1. 全面性

财务综合分析与评价关注的是整体财务状况和经营成果，因此在分析过程中，要关注到企业偿债能力、营运能力、盈利能力和成长能力等各个层面的内容。这是财务综合分析与评价和单项财务能力分析的不同之处。因此，财务综合分析与评价要以全面的单项财务能力分析指标为基础，不能在分析中以偏概全。

2. 综合性

财务综合分析与评价不是各单项财务能力分析的简单相加，而是通过一定的技术方法进行的有机结合；同时，在进行财务综合分析与评价过程中还需要抓住主要分析指标，这样才能抓住影响企业财务状况和经营成果的主要矛盾，在主要财务指标分析的基础上再对其辅助指标进行分析。

财务综合分析与评价有很多种思路和方法，其中最常用的两种方法是沃尔评分法和杜邦分析法。

二、沃尔评分法

（一）认知沃尔评分法

沃尔评分法又叫综合评分法，它通过对选定的多项财务比率进行评分，然后计算综合得分，并据此评价企业综合的财务状况。由于创造这种方法的先驱者之一是亚历山大·沃尔，因此被称作沃尔评分法。

（二）沃尔评分法的主要思想

将分散的财务指标通过一个加权体系综合起来，使得一个多维度的评价体系变成一个综合得分，这样就可以用综合得分对企业作出综合评价。

（三）沃尔评分法的优缺点

优点：简单易用，便于操作。

缺点：理论上存在着一定的缺陷，即未能说明为什么选择这些比率，而不是更多或者更少，或者选择其他财务比率；它未能证明各个财务比率所占权重的合理性；它也未能说明比率的标准值是如何确定的。

（四）沃尔评分法的分析步骤

1. 选择财务比率

不同的分析者所选择的财务比率可能都不尽相同，但在选择财务比率时应注意以下几点原则。

（1）所选择的比率要具有全面性，反映偿债能力、盈利能力、营运能力等的比率都应包括在内，只有这样才能反映企业的综合财务状况；

（2）所选择的比率要具有代表性，即在每个方面的众多财务比率中要选择那些典型的、重要的比率；

（3）所选择的比率最好具有变化方向的一致性，即当财务比率增大时表示财务状况的改善，当财务比率减小时表示财务状况的恶化。

例如，在选择反映偿债能力的比率时，就最好选择股权比率而不选择资产负债率，因为通常认为在一定的范围内，股权比率高说明企业的偿债能力强，而资产负债率高则说明企业的负债安全程度低。

2. 确定各项财务比率的权重

如何将 100 分的总分合理地分配给所选择的各个财务比率，是沃尔评分法中的一个非常重要的环节。分配的标准是依据各个比率的重要程度，越重要的比率分配的权重越高。

3. 确定各项财务比率的标准值

财务比率的标准值也就是判断财务比率高低的比较标准。可以是企业的历史水平，可以是竞争企业的水平，也可以是同行业的平均水平，其中最常见的是选择同行业的平均水平作为财务比率的标准值。

4. 计算各个财务比率的实际值

准确地计算各个财务比率的实际值。

5. 计算各个财务比率的得分

计算得分的方法有很多，其中最常见的是用比率的实际值除以标准值得到一个相对值，再用这个相对值乘比率的权重得到该比率的得分。

为了避免个别比率异常对总分造成不合理的影响，还可以为每个比率的得分确定一个上限和下限，即每个比率的得分最高不能超过其上限，最低不能低于其下限。

例如，我们可以确定每个比率的得分最高不能超过其权重分数的 1.5 倍，最低不能低于其权重分数的 1/2。

有的财务比率并不是越高越好，例如存货周转率太高可能意味着企业的存货管理存在一定的问题，股权比率太高说明企业未能充分地利用财务杠杆等。对于这类比率的计分方法应当进行一定的修正。例如，某行业股权比率的平均值为 60%，但通常认为该行业的股权比率超过 80%就太高了，那么如果某企业的股权比率实际值超过了 80%，就不再采用实际值除以标准值再乘以权重分数的方法来计算其得分，而改用 80%或标准值 60%除以实际值再乘权重分数来计算其得分。

6. 计算综合得分

将各个财务比率的实际得分加总，即得到企业的综合得分。

（1）企业的综合得分如果接近 100 分，说明企业的综合财务状况接近于行业的平均水平。

（2）企业的综合得分如果明显超过 100 分，则说明企业的综合财务状况优于行业的平均水平。

（3）企业的综合得分如果大大低于 100 分，则说明企业的综合财务状况较差，应当积极采取措施加以改善。

在沃尔评分法的各个步骤中，最为关键也最为困难的是第二步和第三步，即各项财务比率权重和标准值的确定。

（五）沃尔评分法案例分析

练习 4-1

某企业采用行业平均值为评价的标准值。其所处行业各指标的重要性系数、标准值及该企业实际值分别如表 4-1 所示。

表 4-1　各指标的重要性系数、标准值及该企业实际值

指标	权重	指标值	实际值	相对值	评分
①	②	③	④	⑤=④÷③	⑥=②×⑤
销售利润率	13	12%	10%		
总资产利润率	15	10%	11%		
资本收益率	14	13%	12%		
资本保值增值率	11	8%	10%		
资产负债率	6	50%	45%		
流动比率	6	1.9	1.8		
应收账款周转率	8	6 次	5 次		
存货周转率	7	3 次	2.9 次		
社会贡献率	10	22%	24%		
社会积累率	10	25%	30%		
合计	100				

要求：运用沃尔评分法计算各指标的相对值、评分及综合分数，并对该企业的实际财务状况进行评价。(计算结果保留三位小数)

解：

指标	权重	指标值	实际值	相对值	评分
①	②	③	④	⑤=④÷③	⑥=②×⑤
销售利润率	13	12%	10%	0.833	10.833
总资产利润率	15	10%	11%	1.1	16.5
资本收益率	14	13%	12%	0.923	12.923
资本保值增值率	11	8%	10%	1.25	13.75
资产负债率	6	50%	45%	0.9	5.4
流动比率	6	1.9	1.8	0.947	5.684
应收账款周转率	8	6 次	5 次	0.833	6.667
存货周转率	7	3 次	2.9 次	0.967	6.767
社会贡献率	10	22%	24%	1.091	10.909
社会积累率	10	25%	30%	1.2	12
合计	100			10.044	101.433

结论：由于该公司的综合得分接近100分，说明企业的综合财务状况接近行业的平均水平。

三、杜邦分析法

（一）认知杜邦分析法

杜邦分析法是利用相关财务比率的内在联系构建一个综合的指标体系，来考察企业整体财务状况和经营成果的一种分析方法。这种方法由美国杜邦公司在20世纪20年代率先采用，故称杜邦分析法。

（二）杜邦分析法的基本原理

杜邦财务分析的核心指标是权益收益率，也就是净资产收益率，权益净利率用公式表示为：

$$\text{权益净利率（净资产收益率）}=\frac{\text{净利润}}{\text{所有者权益}}=\frac{\text{净利润}\times\text{资产总额}}{\text{资产总额}\times\text{所有者权益}}=\text{资产净利率}\times\text{权益乘数}=\frac{\text{净利润}\times\text{销售收入}}{\text{销售收入}\times\text{资产总额}}\times\text{权益乘数}=\text{销售净利率}\times\text{资产周转率}\times\text{权益乘数}$$

决定权益净利率的因素有三个方面：销售净利率、总资产周转率和权益乘数。

其中销售净利率和总资产周转率还可以进一步分解。

首先，净利率的分解：

$$\text{净利润}=\text{销售收入}-\text{全部成本}+\text{其他利润}-\text{所得税}$$

全部成本＝制造成本＋管理费用＋营业费用＋财务费用

其次，总资产周转率的分解：

总资产＝流动资产＋长期资产

（三）杜邦分析法的分析步骤

1. 净资产收益率

净资产收益率是一个综合性很强的指标，它是杜邦分析体系的源头和核心。

净资产收益率反映了企业股东投入资金的收益高低，而增加股东财富是企业管理的重要目标之一。因此，不论是企业的股东还是管理者都会十分关注这一指标。

净资产收益率的高低取决于企业的总资产收益率和平均权益乘数，而总资产收益率又取决于销售净利率和总资产周转率。

因此，净资产收益率的水平取决于反映盈利能力的总资产收益率和销售净利率、反映营运能力的总资产周转率以及反映资本结构和偿债能力的平均权益乘数。

在分析净资产收益率时，需要回答以下问题并逐步进行分析。

（1）该企业净资产收益率的水平？呈现什么样的变化趋势？

（2）该企业所在行业的平均净资产收益率水平及变化趋势？

（3）该企业净资产收益率是否与行业平均水平有较大的差异？

（4）该企业是否处在高度竞争性行业？如果是，否能从主要竞争对手的净资产收益率的趋势比较中体会到本企业的强势或劣势？

2. 总资产收益率

总资产收益率的综合性也很强，它反映了企业所有资产的收益水平。

总资产收益率的高低取决于销售净利率和总资产周转率。这说明企业营业活动的获利能力和企业所有资产的运用效率，决定着企业全部资产的收益水平。

因此，对总资产收益率的分析，可以进一步深入分析营业活动和资产管理两个方面。

3. 销售净利率

销售净利率是反映企业盈利能力的重要指标。由于主营业务收入是企业净利润的重要源泉，因此提高主营业务收入的盈利水平对提升整个企业的盈利能力至关重要。

销售净利率受到净利润和主营业务收入两个因素的影响，而净利润又取决于企业各项收入和费用的水平。因此，对销售净利率的分析，可以进一步深入分析各项收入和费用，深入挖掘影响企业盈利能力的具体原因。

4. 总资产周转率

总资产周转率是反映企业营运能力的重要指标。同样的资产周转得越快、利用效率越高，在一定期间内就能为企业带来更多的收益，并提升企业整体的流动性。因此，总资产周转率是企业资产管理水平的重要体现，提升它对提升企业的盈利能力和企业整体的流动性非常重要。

总资产周转率受到主营业务收入和平均资产总额两个因素的影响。因此，要提高总资产周转率，一方面需要开拓市场，增加营业收入；另一方面需要控制资产占用资金的数额并合理安排资产的结构。另外，对总资产周转率的分析还应结合对流动资产周转率、固定资产周转率、存货周转率、应收账款周转率等的分析进行。只有这样才能进一步查找企业资产周转快慢的关键所在。

5. 权益乘数

权益乘数是反映企业资本结构、财务杠杆程度以及偿债能力的重要指标。

权益乘数越高，说明企业资本结构中的负债比例越高，财务杠杆程度越高，偿债能力相对越弱。因此，保持适当的权益乘数，必须合理安排资产、负债和股东权益三种的关系，即合理地安排企业的资本结构。

6. 企业收入与费用

企业的各项收入和费用决定企业最终的净利润。

增加企业收入是提高企业盈利水平的重要途径。企业各项收入的结构是否合理直接影响着企业收入的稳定性和可持续性。其中，主营业务收入是所有收入中最重要的部分。努力开拓市场、不断开发新产品、加强产品质量控制等，是增加企业主营业务收入的重要举措。

降低成本费用是提高企业盈利水平的另一条重要途径。企业各项成本费用的结构是否合理、控制是否严格，直接影响着企业成本费用水平的高低。企业要想在激烈的市场竞争中立于不败之地，必须不断挖掘降低成本费用的潜力。如果主营业务成本过高，则必须进一步分析企业的生产流程是否合理，采购和生产过程的监控是否有效等；如果财务费用过高，则必须进一步分析负债比例是否过高，负债期限是否合理等；如果管理费用过高，则必须进一步分析行政机构是否过于臃肿，是否存在铺张浪费等。

7. 企业资产、负债与股东权益

企业的资产、负债和股东权益状况影响着企业的资产效率、企业的负债安全以及企业的自有资本实力等。因此，对企业资产、负债和股东权益状况进行深入分析有利于进一步了解企业的营运能力、偿债能力以及盈利能力等。

企业资产的规模是否适当、结构是否合理，关系着企业整体的流动性和盈利性。资产规模过大，可能存在闲置或低效现象；资产规模过小，则可能影响企业营业活动的扩展。流动资产比例过高，可能影响企业的盈利水平；流动资产比例过低，则可能影响企业的流动性，进而影响企业的短期偿债能力。流动资产的效率与效益也有着重要的影响。

企业负债的规模是否适当、结构是否合理，关系着企业负债的安全性以及与资产的匹配程度。负债规模过大，则企业风险太高；负债规模过小，又影响着财务杠杆作用的发挥。流动负债比例过高，则还款压力过大；长期负债比例过高，又会增加企业的利息成本。

企业的股东权益规模代表了企业的自有资本实力，它影响着企业的偿债能力和筹资能力。股东权益规模过大，说明企业安全有余、财务杠杆程度不足；股东权益规模过小，则说明企业的风险太高，稳定性不够。股东权益的结构分析也有着重要的意义。实收资本和资本公积的比重越大，说明企业的资本实力越强；盈余公积和未分配利润的比重越大，说明企业的积累程度越高。

综上所述，杜邦分析体系将企业盈利能力、营运能力、风险与偿债能力等都联系在一起，涉及企业营业规模与成本费用水平，资产、负债和股东权益规模与结构等方方面面，全面、系统地反映出企业整体的财务状况和经营成果，并揭示出系统中各个因素之间的相互关联。

进行杜邦分析时，也可以进行纵向与横向的比较。

（四）传统杜邦分析体系的局限性

（1）计算总资产净利率的“总资产”与“净利润”不匹配。总资产为全部资产提供者享有，而净利润是专门属于股东的，两者不匹配。

（2）没有区分经营活动损益和金融活动损益。

（3）没有区分金融负债与经营负债。

（五）杜邦分析法案例分析

练习 4-2

ABC 公司是一家汽车销售企业，现对公司财务状况和经营成果进行分析，以发现与主要竞争对手乙公司的差异，相关资料如下：

（1）ABC 公司 20×9 年的主要财务报表数据（单位：万元）。

资产负债表项目	20×9 年年末
货币资金	1 050
应收账款	1 750
预付账款	300
存货	1 200
固定资产	3 700
资产总计	8 000
流动负债	3 500
非流动负债	500
股东权益	4 000
负债和股东权益总计	8 000

利润表项目	20×9 年度
营业收入	10 000
减：营业成本	6 500
税金及附加	300
销售费用	1 400
管理费用	160
财务费用	40
利润总额	1 600
减：所得税费用	400
净利润	1 200

假设资产负债表项目年末余额可代表全年平均水平。

（2）乙公司相关财务比率。

营业净利率	总资产周转次数	权益乘数
24%	0.6	1.5

要求：

（1）使用因素分析法，按照营业净利率、总资产周转次数、权益乘数的顺序，对 20×9 年 ABC

公司相对乙公司权益净利率的差异进行定量分析。

(2) 说明营业净利率、总资产周转次数、权益乘数3个指标各自的经济含义及各评价企业哪方面能力，并指出ABC公司与乙公司在经营战略和财务政策上的差别。

解：

(1) 20×9年指标：营业净利率＝1 200÷10 000＝12%，总资产周转次数＝10 000÷8 000＝1.25，权益乘数＝8 000÷4 000＝2。

乙公司权益净利率＝24%×0.6×1.5＝21.6%

ABC公司权益净利率＝12%×1.25×2＝30%

营业净利率变动对权益净利率的影响＝（12%－24%）×0.6×1.5＝－10.8%

总资产周转次数变动对权益净利率的影响＝12%×（1.25－0.6）×1.5＝11.7%

权益乘数变动对权益净利率的影响＝12%×1.25×（2－1.5）＝7.5%。

(2) 营业净利率是净利润占收入的比重，它的经济含义是每一元营业收入能够赚到的利润是多少，它评价的是企业盈利能力。"营业净利率"是利润表的概括，"净利润"和"营业收入"两者相除可以概括企业经营成果。

总资产周转次数的经济含义是，1年中总资产的周转次数，或者说1元总资产支持的营业收入，它评价的是企业的营运能力。"总资产周转次数"把利润表和资产负债表联系起来，使权益净利率可以综合整个企业的经营成果和财务状况。

权益乘数的经济含义是每一元股东权益拥有的资产总额，它衡量的是企业的长期偿债能力。"权益乘数"是资产负债表的概括，表明资产、负债和股东权益的比例关系，可以反映企业最基本的财务状况。

从经营战略看，ABC公司属于低盈利高周转模式，其营业净利率虽然比乙公司低，但ABC公司的资产周转效率高，导致ABC公司的经营效率总体较高；从财务政策来看ABC公司权益乘数明显高于乙公司，说明ABC公司利用了较高的财务杠杆来提高权益净利率，在总资产净利率较高的情况下还利用了较高的财务杠杆，说明企业财务风险较大。

习　题

一、单项选择题

1. 利用相关财务比率的内在联系构建一个综合的指标体系，来考察企业整体财务状况和经营成果的分析方法称为（　　）。

   A. 沃尔评分法　　B. 杜邦分析法

   C. 预警分析法　　D. 比率分析法

2. 杜邦分析体系的核心指标是（　　）。

   A. 资产周转率　　B. 销售净利率

C. 权益净利率　　　　D. 权益乘数

3. 关于杜邦分析体系，下列说法正确的是（　　）。

A. 资产净利率是杜邦分析体系的核心

B. 杜邦分析体系是通过建立新的财务指标来进行分析的方法

C. 杜邦分析体系的关键在于指标的计算

D. 杜邦分析体系利用各指标间的内在联系对综合财务状况与经营成果进行分析与评价

4. ABC 公司 20×8 年的营业净利率比 20×7 年下降 5%，总资产周转率提高 10%，假定其他条件与 20×7 年相同，那么 ABC 公司 20×8 年的权益净利率比 20×7 年提高（　　）。

A. 4.5%　　　　B. 5.5%

C. 10%　　　　D. 10.5%

5. 沃尔评分法中，最常见的财务比率标准值是（　　）。

A. 企业的历史水平　　　　B. 竞争对手的水平

C. 国外先进企业的水平　　　　D. 同行业的平均水平

6. 在杜邦分析体系中，假设其他情况相同，下列说法中错误的是（　　）。

A. 权益乘数大则财务风险大　　　　B. 权益乘数大则股东权益报酬率大

C. 权益乘数＝1÷（1－资产负债率）　　　　D. 权益乘数大则资产净利率大

7. 从杜邦分析基本体系中可以看出，若要提高企业的经营实力，应该（　　）。

A. 提高权益乘数　　　　B. 降低资产周转率

C. 提高销售净利率　　　　D. 加大管理费用的投入

8. 某企业上年的销售净利率为 7.74%，资产周转率为 1.27，今年的销售净利率为 8.78%，资产周转率为 1.08，则今年的总资产收益率与上年相比，其变化趋势是（　　）。

A. 下降　　B. 不变　　C. 上升　　D. 难以确定

9. 某公司资产净利率为 10%，若产权比率为 1.5，则权益净利率为（　　）。

A. 6.67%　　B. 10%　　C. 15%　　D. 25%

10. 杜邦分析体系中不涉及（　　）。

A. 偿债能力分析　　　　B. 资产管理能力分析

C. 盈利能力分析　　　　D. 发展能力分析

二、多项选择题

1. 利用杜邦分析体系，可以（　　）。

A. 了解企业的人力资源结构　　　　B. 了解财务分析指标间的关系

C. 了解企业财务状况的全貌　　　　D. 了解企业经营成果的全貌

2. 决定净资产收益率高低的主要因素有（　　）。

A. 销售净利率　　　　B. 资产周转率

C. 权益乘数　　　　D. 资产负债率

E. 固定资产净利率

3. 沃尔评分法中，在确定各项财务比率权重时，要考虑的情况包括（　　）。

A. 企业的经营状况　　B. 企业的管理要求

C. 企业未来的发展趋势　　D. 同行业的平均水平

4. 下列关于杜邦体系的说法，正确的有（　　）。

A. 杜邦分析体系通过建立新指标进行全面分析

B. 杜邦分析体系是通过相关财务比率的内在联系构建的综合分析体系

C. 杜邦分析体系的核心指标是权益收益率

D. 对杜邦分析体系进行比较分析不仅可以发现差异，分析差异的原因，还能消除差异

5. 沃尔评分法的分析步骤中，最为关键也最为困难的是（　　）。

A. 选择财务比率　　B. 确定各项财务比率的权重

C. 确定各项财务比率的标准值　　D. 计算各个财务比率的实际值

6. 杜邦分析系统主要反映的财务比率关系有（　　）。

A. 净资产报酬率与资产净利率及权益乘数之间的关系

B. 资产报酬率与销售净利率及总资产周转率之间的关系

C. 销售净利率与净利润及销售收入之间的关系

D. 总资产周转率与销售收入及资产总额之间的关系

三、计算分析题

1. 为民公司 20×7 年销售净利率 8%，总资产周转率 1.3，平均资产负债率 41%；20×8 年部分报表数据如下：年初资产总额 900 万元，负债总额 350 万元，年末资产总额 1 000 万元，负债总额 400 万元，20×8 年销售收入 1 200 万元，实现净利 120 万元。要求：

（1）计算 20×7 年净资产收益率；

（2）计算 20×8 年销售净利率、资产周转率、平均资产负债率、加权平均净资产收益率；

（3）运用杜邦分析原理，定性分析说明该公司净资产收益率变动的原因。

（计算结果保留四位小数）

2. 某公司有关资料如下。

资产负债表

20×9 年 12 月 31 日　　单位：万元

资产	年末	负债及所有者权益	年末
流动资产		流动负债合计	300
货币资金	90	非流动负债合计	400
应收账款	180	负债合计	700
存货	360	所有者权益合计	700
流动资产合计	630		
非流动资产合计	770		
总计	1 400	总计	1 400

该公司 20×9 年度销售收入为 840 万元，税后净利为 117.6 万元。已知该公司 20×8 年度销售净利率为 16%，总资产周转率为 0.5 次，权益乘数为 2.2，权益净利率为 17.6%。

要求：计算 20×9 年的销售净利率、总资产周转率、权益乘数和权益净利率；利用因素分析法按顺序分析销售净利率、总资产周转率和权益乘数变动对权益净利率的影响（假设涉及资产负债表的数据用期末数来计算）。

参考文献

[1] 高翠莲．企业财务会计［M］．北京：高等教育出版社，2017.

[2] 财政部会计资格评价中心．初级会计实务［M］．北京：中国财政经济出版社，2018.

[3] 赵秀芳，胡素华．财务分析［M］.4 版．大连：大连理工大学出版社，2018.

[4] 陈强．财务会计实务［M］．北京：清华大学出版社，2017.

[5] 黄倩，王颖．财务报表分析［M］．北京：中国人民大学出版社，2018.

[6] 于久洪．财务报表编制与分析［M］．4 版．北京：中国人民大学出版社，2019.

[7] 张昕. 轻松读懂财务报表［M］.2 版. 北京：北京大学出版社，2020.

[8] 韩坤珏．财务报表：快学快用实操笔记［M］．北京：电子工业出版社，2021.

[9] 蔡柏良，季健，邱素芹．财务报表分析［M］．南京：南京大学出版社，2022.

[10] 汤婧平．财务报表一本通：学得会、用得上的财报分析技巧［M］．杭州：浙江大学出版社，2023.